G
98
668
AF620623
DÉPÔT LÉGAL
Seine & Oise
N° 81
1902

MUSÉE RÉTROSPECTIF

DE LA CLASSE 14

Cartes et appareils de géographie et de cosmographie
Topographie

A L'EXPOSITION UNIVERSELLE INTERNATIONALE
DE 1900, A PARIS

RAPPORT

DU

COMITÉ D'INSTALLATION

MUSÉE RÉTROSPECTIF

DE LA CLASSE 14

Cartes et appareils de géographie et de cosmographie
Topographie

4° G
838

MUSÉE RÉTROSPECTIF

DE LA CLASSE 14

Cartes et appareils de géographie et de cosmographie
Topographie

À L'EXPOSITION UNIVERSELLE INTERNATIONALE
DE 1900, À PARIS

RAPPORT

DU

COMITÉ D'INSTALLATION

Exposition universelle internationale de 1900

SECTION FRANÇAISE

Commissaire général de l'Exposition :

M. Alfred PICARD

Directeur général adjoint de l'Exploitation, chargé de la Section française :

M. Stéphane DERVILLÉ

Délégué au service général de la Section française :

M. Albert BLONDEL

Délégué au service spécial des Musées centennaux :

M. François CARNOT

Architecte des Musées centennaux :

M. Jacques HERMANT

COMITÉ D'INSTALLATION DE LA CLASSE 14

Bureau.

Président : FAYE (Hervé), G. C. ✻, membre de l'Institut et du Bureau des longitudes, président de l'Association géodésique internationale.

Vice-Président : BOUQUET DE LA GRYE (Jean-Jacques-Anatole), C. ✻, membre de l'Institut et du Bureau des longitudes, ingénieur hydrographe en chef de la marine en retraite.

Rapporteur : DE LAPPARENT (Albert), ✻, membre de l'Institut, ancien ingénieur au corps des mines, professeur de géologie et de géographie physique à l'École libre des hautes études.

Secrétaire : DELAVAUD (Louis), ✻, secrétaire d'ambassade, chef adjoint du cabinet du ministre des Affaires étrangères.

Trésorier : BARRÈRE (Henri), cartes géographiques.

Membres.

MM. ANTHOINE (Édouard), ✻, ingénieur des arts et manufactures, chef du Service de la carte de France et de la statistique graphique au Ministère de l'intérieur.

BASSOT (le général), O. ✻, membre de l'Institut et du Bureau des longitudes, sous-chef d'état-major général de l'armée, directeur du Service géographique.

BONAPARTE (le prince Roland), président de la Commission centrale de la Société de géographie.

DELAGRAVE (Charles), O. ✻, libraire-éditeur.

ERHARD (Eugène), gravure, cartographie (maison Erhard frères).

HULOT (le baron), secrétaire général de la Société de géographie de Paris.

MARCEL (Gabriel), conservateur adjoint à la section géographique de la Bibliothèque nationale.

MARTEL (Alfred), ✻, explorateur (spéléologie).

REGELSPERGER (Gustave), docteur en droit, publiciste.

SCHRADER (Franz), ✻, géographe.

VALLOT (Joseph), ✻, directeur de l'Observatoire du Mont-Blanc.

COMMISSION DU MUSÉE RÉTROSPECTIF

MM. BONAPARTE (le prince Roland).

HULOT (le baron Étienne).

MARCEL (Gabriel).

REGELSPERGER (Gustave).

Rapporteur du Musée rétrospectif.

M. SARRIAU (Henri).

MINIATURE DU *LIVRE DES MERVEILLES DU MONDE*
PAR MARCO POLO

(Manuscrit du quinzième siècle de la Bibliothèque de l'Arsenal.)

Frontispice de la *Géographie* de Livio Sanuto (1).

INTRODUCTION

Coup d'œil sur la cartographie en France avant Cassini de Thury.

L'histoire de la cartographie en France est encore à faire. Il vaut mieux, d'ailleurs, qu'on ne se soit pas encore avisé de l'écrire, car quantité de documents, qui étaient restés ignorés de nos prédécesseurs ou qu'on croyait perdus, ont revu la lumière depuis une trentaine d'années, et, si un travail d'ensemble n'était pas alors possible, les nombreuses monographies provinciales qui ont récemment vu le jour sont comme les pierres d'attente et les bases de l'édifice à élever.

Cette histoire, du reste, ne remonte pas bien haut. La plus ancienne carte de France, de celles du moins qui nous sont parvenues, se trouve dans le *Ptolémée* de Berlinghieri, dont la date est indécise, mais qu'il faut placer vers 1480. On y sent une double influence, celle des hydrographes qui ont tracé le contour des côtes au moyen de la boussole, et qui étaient arrivés, avec les instruments primitifs dont ils se servaient, à des résultats véritablement merveilleux, et celle des géographes qui traçaient les itinéraires, et n'avaient pour mesurer les

(1) Vinegia, D. Zenaro, 1588, in-folio.

distances que le pas de leur monture; on parvenait à placer ainsi, un peu à la diable, les localités dont on devait faire cadrer la position avec les observations de Ptolémée.

Quand nous aurons cité la belle carte de France par Oronce Finé, publiée en 1525, mais qui est aujourd'hui perdue et que nous ne connaissons que par une édition postérieure, 1538, la jolie petite carte de notre patrie de 1568, due à Hamon de Blois, géographe du roi Charles IX, et qui fut pendu, quand nous aurons rappelé la magnifique carte de Normandie tracée par le prêtre Jean Jolivet, en 1545, bien supérieure à sa carte de France, celles de Jacques de Nicolaï, sieur d'Arfeuille, d'Ogier, dont l'édition originale a disparu, nous aurons énuméré à peu près tout ce que nous connaissons, nous ne dirons pas tout ce qui a été fait, car certaines de ces tables, comme on disait au seizième siècle, sont relativement trop exactes pour n'avoir pas été précédées de travaux moins soignés ou informes. Nous ne comprenons pas, en effet, que le roi ou les grands corps du royaume n'aient pas eu à leur disposition des cartes pour leur indiquer la position relative des diverses provinces leur étendue, la situation des villes, le cours des fleuves, des routes, etc., documents qui nous sont, aujourd'hui, indispensables.

Il faut croire, cependant, qu'ils étaient bien peu nombreux, car le maréchal de Vieilleville, en ses Mémoires, se flatte d'avoir été le premier, en France, à se servir de cartes pour ses opérations militaires. Nous ignorons celles dont il faisait usage; il aurait été, pour nous, infiniment intéressant de les posséder, et nous regrettons amèrement qu'il n'ait pas jugé à propos de s'étendre sur ce sujet.

Cependant, si nous jugeons d'après celles qui sont venues jusqu'à nous, nous voyons qu'elles étaient fort incomplètes et ne pouvaient rendre que de très médiocres services. C'est ainsi que ni les ponts, ni les routes n'y sont indiqués, et cela n'est pas étonnant à une époque où ces dernières n'existaient, pour ainsi dire, que de nom, ne présentant que des fragments d'anciennes chaussées romaines interrompues par le sol naturel, n'étant le plus souvent qu'à l'état de pistes et de sentes, car on ne circulait qu'à cheval et, si la poste avait été créée par Louis XI, les carrosses et les coches ne dataient que de Charles IX. Il n'y avait pas encore de législation générale relative à l'entretien des routes et chemins, tout était laissé à l'administration provinciale que venait, d'ailleurs, gêner et contrecarrer la puissance royale. C'est ainsi que nous voyons François Ier autoriser un particulier à englober dans sa propriété un chemin vicinal, mais à condition cependant de le détourner et de lui faire contourner ses terres.

Les derniers Valois et les premiers Bourbons essayèrent de mettre un peu d'ordre dans ce désordre, et de plier les administrations particulières à des règles qui avaient en vue l'intérêt général. Sully d'abord, puis Colbert s'en occupèrent sérieusement, mais il faut arriver au dix-huitième siècle pour rencontrer une organisation sérieuse des ponts et chaussées.

PTOLEMAEVS
ASTRONOMORVM PRINCEPS, DILIGEN-
tissimus scrutator & obseruator motuum cœlestium,
uixit in Aegypto, tempore Adria-
ni Imperatoris.

Frontispice de la *Géographie de Ptolémée* (1).
(Bibliothèque de la Société de géographie de Paris.)

Telles qu'elles étaient, ces cartes terrestres, dont le fond reposait sur des itiné-

(1) *Geographia universalis vetus et nova complectens Claudii Ptolemaei Alexandrini enarrationis libros VIII.* — Bâle, 1545, petit in-folio.

raires, ne devaient se modifier et s'améliorer qu'au milieu du dix-septième siècle. Un grand progrès fut cependant accompli à la fin du seizième siècle par la réunion

en un atlas des cartes de provinces, atlas qui fut présenté à Henri IV par l'éditeur Bouguerauld en 1593. Si quelques cartes de provinces avaient été gravées antérieurement à cette date, elles étaient fort peu nombreuses, et Bouguerauld eut l'insigne mérite de faire connaître au roi et à ses ministres cette France qu'ils gouvernaient à l'aveuglette. Il faut dire que Bouguerauld avait été précédé dans cette voie à l'étranger, car l'atlas d'Ortelius, dont la première édition est de 1570, renferme un certain nombre de cartes de provinces françaises. Nombreuses furent, sous le règne suivant, les éditions de l'Atlas national, et chacune fut marquée par une amélioration ou une addition. Ces cartes sont, pour nous qui sommes habitués maintenant à une rigoureuse exactitude, extrêmement médiocres, elles ne reposent pas sur une base scientifique, nul lever géométrique (1), nulle triangulation n'a encore été faite : les fleuves et les montagnes ne sont représentés que d'après leur direction générale : c'est un dessin, une vue à vol d'oiseau du pays, on n'y rencontre même pas, à proprement parler, les éléments d'une carte ; le plus souvent, les plans ne sont que des perspectives cavalières ; c'est avec Louis XIV que vont, grâce au nombre prodigieux d'ingénieurs qu'il emploie, se généraliser les plans géométriques.

Il faut bien l'avouer, la France était en retard au point de vue géographique, et un certain nombre de pays avaient déjà dressé des cartes sérieuses, d'une exactitude aussi rigoureuse que le permettaient et les instruments employés et les méthodes mises en pratique. Déjà, en 1570, P. Apian avait dressé une carte de Bavière à une grande échelle, et, en Espagne,

(1) La première carte française qui porte la trace d'un lever géométrique et d'une triangulation est celle de l'étang de Longpendu, par J. Van Damme, sieur d'Amendale, en 1630.

P. de Esquivel et Guevara avaient entamé des travaux astronomiques et géométriques qui furent malheureusement interrompus après leur mort. C'est qu'en Allemagne nous avions assisté à une véritable renaissance des sciences : astronomie, mathématiques et topographie. Il n'est pas, au seizième siècle, de géographe qui ne se livre à la confection des globes et des instruments de mathématiques; partout on s'acharne à l'étude du problème des longitudes; on commence à étudier les variations de l'aiguille aimantée et l'on accumule les observations pour en tirer des règles générales. C'est grâce au progrès des

« De l'Isle de Falan ».
D'après une miniature du *Livre des merveilles du monde*, par Marco Polo.
(Manuscrit de la Bibliothèque de l'Arsenal.)

sciences, astronomie, mathématiques, que la géographie, et par suite la cartographie allaient rapidement s'améliorer. Il y a là une répercussion sur laquelle on ne saurait trop insister. Les découvertes de la physique, de la mécanique, de l'astronomie trouvent de suite leur application en géographie et, conséquemment, en cartographie; elles vont fournir de nouvelles méthodes d'observation infiniment précieuses pour la fixation des coordonnées géographiques, pour la mesure du degré, pour l'établissement du réseau géodésique.

Copernic est un véritable révolutionnaire; il renverse les vieux systèmes jusqu'alors conservés avec un superstitieux respect et considérés comme des articles de foi. Ses élèves et ses successeurs travaillent à faciliter les calculs par la construction de tables trigonométriques qui vont bientôt devenir d'un usage général.

Excellent observateur plutôt qu'astronome génial, Tycho-Brahé transmet à Kepler les matériaux des grandes lois qui vont illustrer son nom et que Newton devait démontrer et consacrer. A cette merveilleuse époque, les découvertes se succèdent et chaque pays fournit à son tour sa contribution à l'avancement de la science. Galilée invente le télescope, instrument fécond qui lui permet d'apercevoir les montagnes et les cavités dont la lune est criblée ; c'est encore lui qui applique le pendule à la mesure du temps, et qui découvre les satellites de Jupiter.

En France, Pascal construit le baromètre, qui va permettre de mesurer facilement l'altitude des montagnes, et fait, en 1634, partie de la commission chargée par Richelieu d'examiner la méthode imaginée par l'astronome Morin pour la détermination des longitudes, méthode incomplète, mais qui, au dire de Lalande, contenait d'ingénieux perfectionnements.

En 1668, Jean-Dominique Cassini, accueilli par Louis XIV sur la recommandation de l'abbé Picard, ce qui sera l'éternel honneur de ce dernier, publie ses Tables des satellites de Jupiter, qui lui valent et la protection de Colbert et la direction de l'Observatoire de Paris. C'est au moyen de ces tables, que trois ans plus tard un autre académicien, Philippe de la Hire, calcule avec une exactitude qu'on n'avait pas encore atteinte la différence entre les longitudes de Paris et d'Uraniborg, célèbre observatoire de Tycho-Brahé.

La même année 1671, l'Académie des sciences envoyait à Cayenne Richer, qu'elle chargeait d'étudier les parallaxes du soleil et de la lune ainsi que les distances de Mars et de Vénus à la Terre. Entre autres conséquences, ce voyage détermina l'Académie à entreprendre d'utiles travaux sur la figure de la Terre. Richer avait observé que le pendule retardait à Cayenne de 2'28", la pesanteur y était donc moins grande qu'à Paris ; Newton et Huyghens en conclurent à l'aplatissement de la Terre aux deux pôles.

Autant d'astronomes, autant d'évaluations différentes dans la mesure du degré terrestre. Il y avait là une incertitude qui déroutait tous les calculs. Dans le but d'arriver à une solution précise, Picard entreprit, avec des instruments qu'il avait inventés, la mesure de l'espace compris entre Amiens et Malvoisine, soit un tiers de degré.

L'Académie pensa qu'on arriverait à un résultat plus exact en mesurant une plus grande distance, soit toute la longueur de la France. Le méridien passant par Paris fut choisi, et ce fut l'origine de la triangulation générale du pays qui servit de base à Cassini de Thury, pour l'établissement de sa grande carte de France. Louis XIII et Louis XIV, après avoir fait déterminer la position astronomique des principales villes de France, faisaient lever les côtes avec le plus grand soin, et l'ingénieur géographe Charles Pène publiait en 1691 le *Neptune français*, qui allait remplacer les cartes hollandaises, que l'on consultait jusqu'alors pour le littoral de notre pays.

Les résultats de tous ces travaux ne tardèrent pas à se traduire dans la représentation cartographique d'une façon qui ne fut pas sans surprendre Louis XIV. La France dut rentrer dans des limites plus étroites que celles qu'on lui assignait jusqu'alors, on lui enleva plusieurs degrés de longitude sur sa côte occidentale, de la Bretagne à la baie de Biscaye, et plus d'un demi-degré sur le littoral de la Provence et du Languedoc. Si bien qu'au retour des académiciens, le Roi ne put s'empêcher de leur dire : « Je vois avec peine, Messieurs, que votre voyage m'a coûté une partie de mon royaume. »

On se rendra facilement compte des modifications apportées à la représentation de la France, en comparant la carte de Sanson, publiée en 1679, avec celle qui est insérée au tome VII des *Mémoires de l'Académie des sciences*. Superposées, ces deux tables présentent des différences considérables, car Sanson avait ignoré les observations astronomiques dont nous venons de parler.

GUILLAUME DE L'ISLE
(1675-1726).
(D'après une estampe de la Bibliothèque Nationale.)

Ce n'est pas sur la France seulement que portaient les erreurs. On sait que Ptolémée avait donné à l'Asie beaucoup trop d'étendue vers l'Orient et qu'il avait, par contre, singulièrement rétréci l'espace qui la séparait de l'Europe, ce qui n'avait pas été sans influence sur les idées de Christophe Colomb qui, en débarquant en Amérique, se figurait avoir atteint les rivages de l'Asie. La preuve de cette erreur fut amplement fournie au cours du voyage de M. de Chaumont à Siam. On avait dépassé le détroit de la Sonde de plus de soixante lieues, alors qu'on se croyait sur le point d'y entrer, et, « en revenant du cap de Bonne-Espérance en France, disent les *Mémoires de l'Académie des sciences*, les navigateurs se trouvèrent à l'île de Flores, la plus occidentale des Açores, quand ils croyaient en être à plus de cent cinquante lieues à l'est; il leur fallut naviguer encore douze jours vers l'est pour arriver aux côtes de France. »

Le réformateur de la géographie, celui qui rejeta définitivement les positions admises depuis Ptolémée pour adopter celles qui étaient déterminées suivant les nouvelles données scientifiques, celui qui abandonna la routine et l'empirisme pour n'obéir qu'à l'expérience et à la science, c'est Guillaume Delisle, et cette audace, qui rompait avec des traditions séculaires et comme sacro-saintes, lui assure un des rangs les plus élevés parmi les géographes. C'est ainsi qu'il balaie des cartes d'Afrique toutes ces nomenclatures fautives, toutes ces représentations de fleuves, de lacs et de montagnes accumulées depuis l'antiquité et qu'il n'admet plus que des renseignements certains, des informations précises,

reposant sur des bases scientifiques. « Il parvint, dit Desborough Cooley, à faire concorder les mesures anciennes et modernes et à combiner une masse plus considérable de documents. Au lieu de limiter ses corrections à une partie du globe, il les étendit au globe tout entier (1), ce qui lui donne un droit très positif à être regardé comme le créateur de la géographie moderne. Pierre le Grand, à son passage à Paris, lui rendit hommage en le visitant pour lui donner tous les renseignements qu'il possédait lui-même sur la géographie de la Russie. »

(1) Voyez sa mappemonde.

Par certains côtés, Bourguignon d'Anville fut supérieur à Delisle, notamment par l'habileté de son dessin et la clarté, l'aspect élégant de ses cartes. Il excellait dans la discussion des matériaux à employer et, grâce à un esprit critique très aiguisé, il sut rejeter les documents douteux et ne s'entourer le plus souvent que de renseignements sérieux et originaux. Ses notices sur l'établissement de ses cartes, publiées dans les *Mémoires de l'Académie des sciences*, sont de véritables modèles et il en ressort qu'avec les observations telles qu'on savait les faire à cette époque, avec les renseignements qu'il savait tirer des voyageurs, il lui était impossible de mieux faire. Bien au-dessous de d'Anville, se place Philippe Buache, dont l'esprit manque souvent de critique, s'entête dans le système, mais qui eut, le premier en France, le mérite de dresser des cartes bathymétriques.

BOURGUIGNON D'ANVILLE, géographe du roi (1697-1782).
(D'après une estampe de la Bibliothèque Nationale.)

Depuis plusieurs années, des discussions vives et passionnées s'étaient produites entre les astronomes et les géographes, qui tenaient pour l'aplatissement du globe terraqué, comme disait Voltaire, aux deux pôles et ceux qui le considéraient comme un ellipsoïde allongé, discussions qui, loin d'être vaines et stériles, avaient singulièrement contribué à l'avancement de la géographie astronomique et mathématique. Cependant il fallait arriver à une solution, car tous les raisonnements du monde ne prévalent pas contre une démonstration par les faits. Une mission, à la tête de laquelle fut placé Maupertuis, alla mesurer un degré du méridien dans la Laponie et les régions du pôle, tandis que La Condamine et ses compagnons procédaient au Pérou à une semblable mesure. Les résultats des deux opérations se confirmèrent et l'aplatissement de la terre aux pôles fut définitivement prouvé. Ces importantes constatations géographiques ne tardèrent pas à figurer sur les cartes, qui acquirent une plus grande correction.

Si les plans de villes et de batailles, si les cartes de provinces et les levers des domaines particuliers avaient bénéficié des perfectionnements de la géographie, on n'avait pas, du moins, cherché à représenter à une échelle considérable l'étendue totale de la France; c'est Cassini qui, d'abord avec les ressources fournies par le gouvernement, puis par une société particulière, entreprit le premier cette œuvre gigantesque et audacieuse.

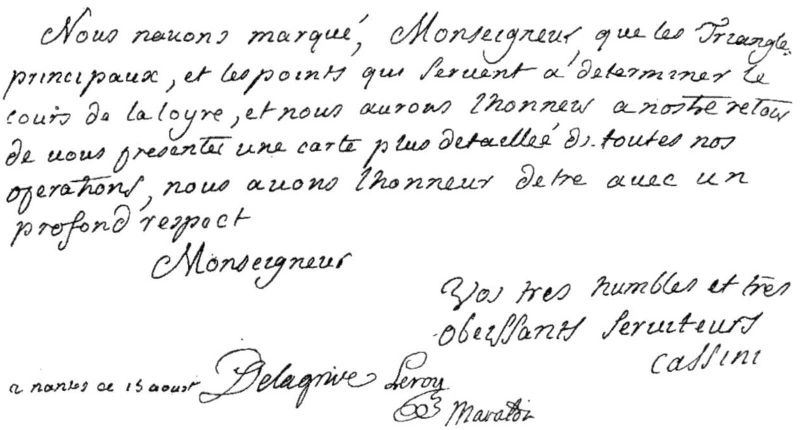

Nous navons marqué, Monseigneur, que les Triangles principaux, et les points qui servent a determiner le cours de la loyre, et nous aurons lhonneur a nostre retour de vous presenter une carte plus detaillée de toutes nos operations, nous avons lhonneur detre avec un profond respect

Monseigneur

Vos tres humbles et tres obeissants serviteurs

Cassini

a nantes ce 15 aoust Delagrive Leroy Maraldi

Lettre des commissaires (1) chargés de la triangulation du cours de la Loire, en vue de la grande carte de Cassini (15 août 1735).
(Bibliothèque Nationale.)

Des perspectives cavalières, des levers géométriques d'espaces relativement restreints et qui n'étaient pas appuyés sur un canevas géodésique d'ensemble, un rendu topographique tout à fait conventionnel et qui changeait avec les auteurs, une absence de systeme de projections, voilà ce qu'on avait vu le plus souvent. Quelques œuvres et quelques noms doivent cependant surnager au milieu de cette mer de productions hâtives ou sans base scientifique sérieuse.

Ce sont tout d'abord les imposants travaux de Claude Masse, qui comprennent un cours de la Meuse et des cartes à grande échelle de la Saintonge et de la Gascogne; le cours du Rhin par Sengre, ingénieur du grand Condé; les cartes des Cévennes et celles à très grande échelle de P. Roussel, qui embrassent une aire immense de terrain, mais où, suivant le mode habituel, les montagnes sont repré-

(1) Cassini de Thury (César-François), né en 1714, mort en 1784. — Delagrive (Jean), né à Sedan en 1689, mort en 1757, géographe de la ville de Paris. — Leroy, ingénieur géographe. — Maraldi (Jean-Dominique), astronome, né en 1709, mort en 1788, un des principaux collaborateurs de Cassini, dont il était parent.

sentées en perspective cavalière et où les grandes directions des contreforts ne sont pas comprises et disparaissent au milieu d'un détail absolument fantaisiste; citons enfin Bonne, inventeur du système de projections qui porte son nom, et n'oublions pas les cartes du Dauphiné et de la Corse, de Bourcet; mais il n'est aucun de ces documents qui porte de cote d'altitude, et le seul dessin étant impuissant à rendre les différences de hauteur de ces chaînes, chaînons et contreforts, on se trouve dérouté et dans l'impuissance absolue de se faire une idée tant soit peu juste de la région représentée.

Pour les instruments qui servaient au lever, pour les méthodes employées à cette époque, on ne peut avoir de meilleur guide que le colonel Berthaut dans son magistral ouvrage sur la Carte de France; nous y renvoyons le lecteur.

La carte de Cassini, commencée en 1750, est une œuvre de transition. Fort inégale comme tous les travaux qui ont plusieurs auteurs, incomplète, — bien des chemins n'y figurent pas, — elle rendit et rend encore d'incontestables services. Certes, elle eût considérablement gagné à la collaboration de ces ingénieurs des Camps et Armées à qui l'on doit tant d'excellents morceaux, mais Cassini dut former son personnel, essayer de le plier à des méthodes communes, à des représentations identiques — sans toujours y parvenir; — ce fut une tâche immense, un effort considérable dont on doit lui savoir le plus grand gré et qui fait autant d'honneur à celui qui eut le mérite de l'entreprise qu'à ses collaborateurs dévoués et, il faut aussi le reconnaître, aux actionnaires qui furent loin de réaliser une bonne affaire.

Avant Cassini, la cartographie est dans l'enfance; elle entre, avec lui, dans la jeunesse pour atteindre la maturité avec la carte à 1/80 000e, grâce au perfectionnement des instruments, à la sûreté des méthodes employées, à la discipline des collaborateurs militaires, au fini de l'exécution et de la gravure.

Gabriel MARCEL.

Frontispice de l'*Atlas méthodique et élémentaire de géographie et d'histoire*, par Buy de Mornas (1762).
(Bibliothèque de la Société de géographie.)

Vignette-adresse du graveur géographe Lattré (1).

Le Musée rétrospectif de la Classe 14 était installé à l'étage du Palais des Lettres, Sciences et Arts, près des expositions centennales de la Photographie et de la Chirurgie.

De grandes parois murales avaient été disposées pour recevoir les cartes et plans; des vitrines horizontales renfermaient les atlas et la partie bibliographique. Quant aux sphères, du reste peu nombreuses, elles étaient isolées dans la salle.

Cet ensemble se composait de 286 cartes, tant imprimées que manuscrites, plans, peintures, livres, sphères et gravures ayant trait à la géographie, où la France et ses colonies occupaient naturellement une place prépondérante.

---

(1) Ce cartouche renferme l'inscription suivante : Lattré et son épouse, pour la gravure des plans topographiques, géographiques et généralement toutes sortes d'écritures. Rue Saint-Jacques, au coin de celle de la Parcheminerie : *A la ville de Bordeaux*, à Paris.

France et colonies.

La Géographie, d'après Cochin.

Généralités. — Au nombre des cartes générales, nous trouvions d'abord celle de Coronelli (1688), géographe vénitien, qui fut appelé en France par le cardinal d'Estrées et dont nous reverrons le nom ailleurs à propos des globes de l'Observatoire (Collection G. Marcel), la carte des Pyrénées en 8 feuilles, dressée par Roussel vers 1720 (Colonel de Rochas), plusieurs feuilles de la carte de Cassini de Thury (1), qui a tenu une si grande place dans la géographie de la France (École polytechnique). Commencé sous sa direction en 1750, ce grand travail ne fut terminé qu'en 1793 par son fils, le Cte Dominique Cassini (1748-1845), dont la Société de géographie avait exposé un levé manuscrit du cours de la Seine.

Provinces. — Les cartes locales et les plans des villes formaient la partie la plus importante du Musée rétrospectif, mais, de toutes les provinces, la Corse était la plus favorisée. La collection du prince Roland Bonaparte ne comptait pas moins de trente-cinq pièces, relatives à ce pays, depuis le seizième siècle jusqu'aux publications les plus récentes (2), en passant par les cartes de Mercator, de Sanson d'Abbeville, de Seutter, la carte topographique de 1824 et même celle du docteur Fallot, dressée au point de vue de la répartition de l'indice céphalique.

Un tableau du peintre Siméon Fort (1842), représentant une vue de l'île à vol d'oiseau, complétait heureusement cet ensemble. (Service hydrographique de la Marine.)

Dans la série du prince Roland Bonaparte se trouvaient également des cartes de différentes provinces, les unes relatives à la Bretagne, les autres concernant la région du Nord, ou encore le Roussillon, la Lorraine et l'Alsace.

---

(1) Cette carte au 1/86400e comprend dans son entier 180 feuilles.
(2) Carte de F. Escard (1891).

Plans des villes. — Au moyen des plans de Paris prêtés par M. Mareuse, il était facile de suivre ses transformations et ses agrandissements successifs. Cette collection, commençant en 1572, comprenait des pièces d'une grande rareté, comme ce plan de l'époque Louis XIII, découvert par M. Mareuse dans un recueil factice pendant l'Exposition, et qu'il a tenu à faire connaître immédiatement au public, les plans de Gomboust (1652), de Jouvin de Rochefort (1714), et celui de 1789, où Paris est divisé en 60 districts et en 20 quartiers. A cette série étaient joints le plan de Bretez, dit de Turgot, en 20 feuilles (Collection Gibert), et celui de Picquet (1804), dont nous dirons quelques mots plus loin.

Divers quartiers de la capitale eurent également les leurs. Au nombre des plus intéressants, était celui de la paroisse Saint-Sulpice, dressé sur l'ordre du curé Baudrand en 1696 (Collection Mareuse), dont il n'existe pas d'exemplaire dans les collections de la Bibliothèque Nationale. En outre, des plans de différents couvents, du Jardin des Plantes (1) et de plusieurs autres établissements publics ou particuliers, venaient s'ajouter à cette série importante pour l'histoire de Paris. Les environs n'étaient pas moins bien représentés. Dans les collections de MM. Mareuse et G. Marcel, se trouvaient réunis plusieurs plans de Versailles, de Saint-Denis, des cartes de la forêt de Compiègne, de celle de Saint-Germain, et quelques-uns de ces plans de châteaux et de parcs, comme celui de Sceaux-Penthièvre, si heureusement interprétés par les graveurs du dix-huitième siècle.

Les autres plans des villes étaient répartis inégalement entre les diverses provinces. Pour la région du Nord-Est, nous citerons le beau plan de Reims et des environs en 1769 (Collection Mareuse), le plan routier de la ville de Châlons-sur-Marne, exemplaire très rare appartenant à M. G. Marcel ; pour l'Ouest, les plans de Cherbourg à l'époque de la construction du port (Collection du prince Roland Bonaparte) ; pour la région du Sud-Ouest, celui de Bordeaux en l'an XII, si curieux par la bizarrerie des noms révolutionnaires donnés à certaines rues (Collection Mareuse).

Colonies. — En présence du grand mouvement d'expansion coloniale auquel nous assistons, les colonies ne pouvaient être oubliées. Dans l'Afrique du Nord, des cartes de l'ancienne Barbarie, par Guillaume Delisle et Sanson d'Abbeville, mettaient sous nos yeux les origines de l'Algérie et de la Tunisie (Collection du prince Roland Bonaparte) ; d'autres, dues à des géographes étrangers, présentaient d'anciennes vues intéressantes d'Alger et de Tunis.

Des cartes de la Nigritie, devenue en partie notre Soudan actuel, et de la Guinée, qualifiée de *Regnum auriferum,* résumaient les connaissances un peu

---

(1) Gravé par Abraham Bosse, en 1641.

vagues qu'on avait au dix-septième siècle sur ces contrées, d'où sont sorties nos diverses colonies de l'Afrique occidentale.

Enfin, l'historien de Madagascar, M. A. Grandidier, nous montrait, au moyen

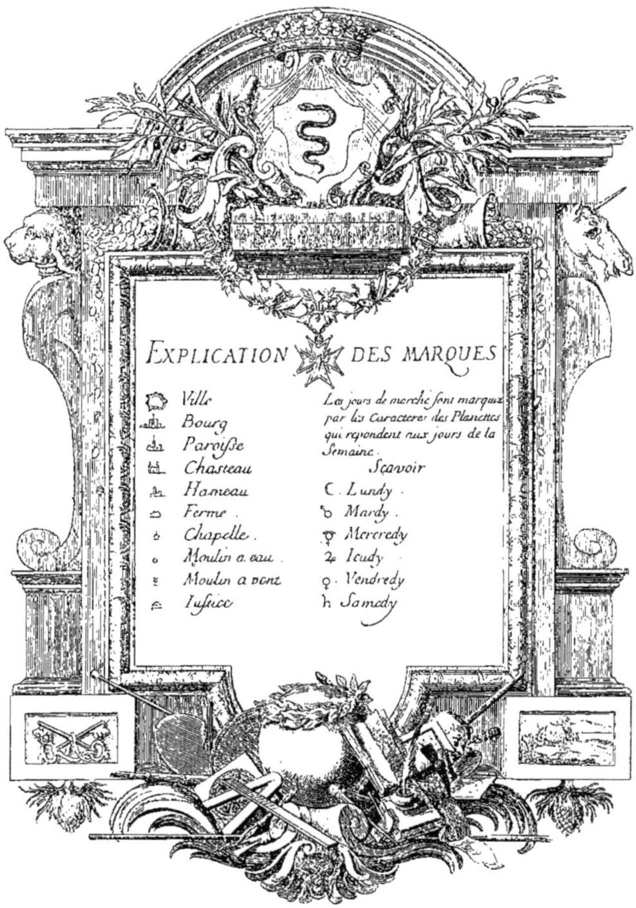

Cartouche aux armes de Colbert, gravé par Sébastien Le Clerc.

de nombreuses reproductions, l'histoire de la cartographie de cette île depuis sa découverte jusqu'à nos jours.

Il nous reste à peine quelques débris des établissements considérables que nos pères avaient fondés sur le continent américain. Une suite de cartes de Sanson d'Abbeville, de Le Rouge, de Bourguignon d'Anville, de Buache (Collection du prince Roland Bonaparte) faisaient revivre cette belle période de la colonisation française, aux Antilles, à la Louisiane et surtout au Canada, qui est encore de nos jours pour beaucoup de ses habitants *la Nouvelle France* d'autrefois.

Cartouche gravé par Sébastien Le Clerc.

Cartes étrangères. — En dehors de la France et de ses colonies, nous signalerons, parmi les cartes manuscrites exposées au Musée rétrospectif, une précieuse mappemonde, de la main de Salomon de Caus (1576-1626), appartenant à Mme Dumas Milne-Edwards, un portulan du géographe génois Maggiolo (1563), rempli de détails curieux sur les côtes de la Méditerranée et l'Afrique du Nord (Collection du prince Roland Bonaparte), une grande carte du Bosphore, dressée en 1732 (même Collection), etc.

Souvenirs historiques. — A côté de ces documents géographiques proprement dits, il s'en trouvait d'autres, qui, peu importants par eux-mêmes, sont devenus, par suite de certaines circonstances, de précieux souvenirs historiques, comme la carte de Bavière (Collection du comte Desmazières), où Napoléon a tracé des traits au crayon rouge pendant son séjour à Sainte-Hélène, ou bien le plan de Paris, par Charles Picquet,' exemplaire imprimé sur soie et offert par l'auteur au maréchal Murat, gouverneur de Paris (Société historique et archéologique du VIIIe arrondissement).

Vignette-adresse du graveur Bouclet.
(Bibliothèque Nationale.)

Sphères. — Les sphères étaient représentées au Musée rétrospectif par deux globes de Coronelli, appartenant à l'Observatoire de Paris ; malgré leurs grandes dimensions, ils ne sont pourtant que des réductions de ceux du même géographe, qui sont conservés à la Bibliothèque Nationale. M. Le Provost de Launay nous avait confié un précieux hanap, formé d'un globe terrestre surmonté d'une sphère céleste et supporté par une statuette d'Atlas, beau travail du commencement du dix-septième siècle, en argent ciselé et doré (1).

Bibliographie, estampes. — La partie bibliographique n'avait pas été négligée. L'École polytechnique avait envoyé une série d'ouvrages, principalement hollandais et allemands, pris dans la réserve de sa bibliothèque. Ces volumes, appartenant au seizième et au dix-septième siècle, coloriés pour la plupart et ornés de très beaux cartouches, offraient un intérêt tout particulier au point de vue des reliures, notamment un exemplaire in-folio de la *Géographie* de Cellarius, relié en mosaïque aux armes du pape Pie VI.

M. Gauthiot avait prêté la célèbre gravure allégorique du partage de la Pologne (2), où l'on voit les souverains qui y prirent part, déchirant la carte de ce malheureux pays.

---

(1) M. G. Marcel a signalé en Suisse l'existence de plusieurs de ces hanaps.
(2) Gravure de Lemire, d'après Moreau le Jeune.

Voyages d'exploration. — Il appartenait naturellement à la Société de géographie de mettre sous les yeux du public des souvenirs des voyageurs et explorateurs français. C'est ainsi que nous avons vu à l'Exposition des dessins originaux de Noël pour le voyage de Chappe d'Auteroche en Californie (1772), la carte du bassin du Bahr-el-Abiad, levée par MM. de Malzac et Vayssières, pendant leur voyage de 1854, et l'itinéraire de Francis Garnier dans la Chine centrale (1873).

Travaux publics. — Pendant la seconde moitié du dix-neuvième siècle, de grands travaux rendus possibles par les progrès de la science ont modifié profondément les conditions économiques d'un grand nombre de pays. M. Léon Dru avait exposé, à ce point de vue, une série de dessins exécutés au cours d'une mission pour le gouvernement russe dans la région du Caucase, les études d'un canal destiné à relier le Don au Volga, des plans pour la traversée du Bosphore par un tunnel ou un pont, projets qui font honneur à l'initiative de l'industrie française à l'étranger.

En résumé, si, dans cet ensemble un peu éclectique au premier abord, se remarquaient surtout la collection des cartes de Corse appartenant au prince Roland Bonaparte et la série de plans de Paris et des environs prêtée par M. Mareuse, les autres parties de l'Exposition n'en renfermaient pas moins un certain nombre de pièces très importantes et il était vraiment intéressant de garder le souvenir de cette réunion.

Nous tenons à remercier, en terminant, tous les exposants qui ont facilité notre tâche en nous donnant des notes sur les collections qu'ils nous avaient confiées. Mais nous sommes particulièrement heureux d'adresser ici l'expression de notre gratitude à M. Gabriel Marcel, qui a écrit pour ce rapport la savante étude que l'on vient de lire sur la cartographie en France jusqu'au milieu du dix-huitième siècle, et qui a bien voulu nous donner ainsi l'appui de sa compétence et de son autorité.

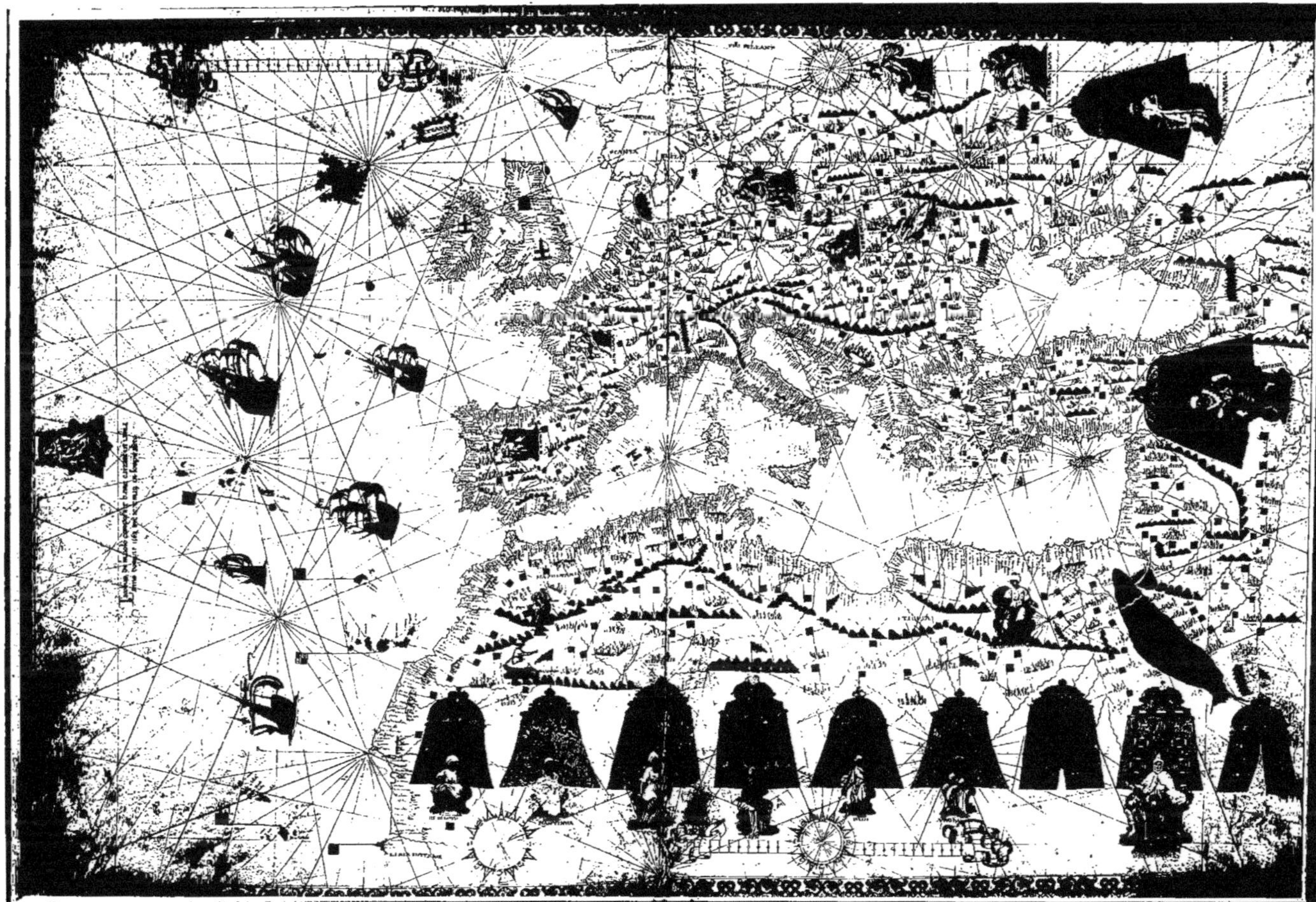

Phototypie Berthaud, Paris

Portulan de Giacomo Maggiolo (1563).

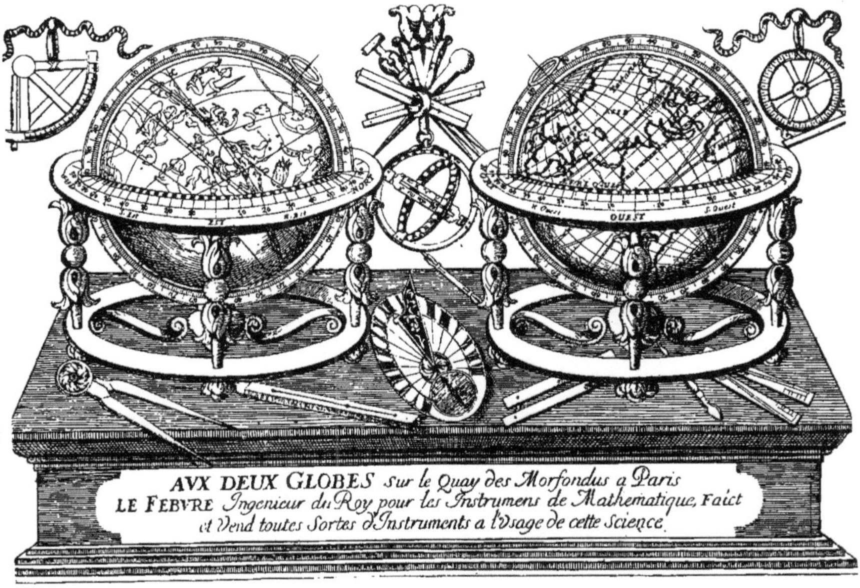

Vignette-adresse d'un fabricant d'instruments de précision au dix-septième siècle.
(Musée Carnavalet.)

COLLECTION DU PRINCE ROLAND BONAPARTE

I

France et colonies

(en y comprenant certains pays qui sont devenus plus tard des colonies françaises.)

1° Généralités.

N° 1. — GALLIÆ NOVA ET ACCURATA DESCRIPTIO, VULGO *Royaume de France*. — (*S. l. n. d.*)

N° 2. — CARTE DES RIVIÈRES DE FRANCE curieusement recherchée, par Nicolas Sanson, ... 1634.

N° 3. — NOUVELLE CARTE qui comprend les principaux triangles qui servent de fondement à la description géométrique de la France. Levée par ordre du Roy par Messrs Maraldi et Cassini de Thury ..... Année 1744. — *A Paris, en la Maison de feu M. Delisle.* Avec une table alphabétique des villes principales de la France.

N° 4. — CARTE DE FRANCE suivant sa nouvelle division en CIII Départements, dressée sur la même échelle que la Carte des Provinces de Guil. Delisle, par Dezauche ..... — *Paris, chez l'auteur, Rue des Noyers, an VI*, 1798. *V. St.* (vieux style).

2° Provinces.

N° 5. — NOUVEAU PLAN DES ENVIRONS DE PARIS .... — *A Paris, chez Esnauts et Rapilly* ..... 1776. Les situations, les routes, les cours d'eau et les bois, teintés.

N° 6. — (NORMANDIE, BRETAGNE ET POITOU), en 2 ff. col. — (*S. l. n. d.*)

N° 7. — VUE DE LA VILLE ET RADE DE CHERBOURG, et le départ du Ier. Cône pour la construction du nouveau Port. Planche gravée et col. — (*S. l. n. d.*)

N° 8. — RADE DE CHERBOURG, avec les détails du Port que l'on y construit, levée en 1786. — (*S. l. n. d.*) En noir.

N° 9. — CARTE DE LA RADE NOUVELLE DE CHERBOURG, levée par M. l'abbé Griel, rédigée par M. Moithey ..... 1786. — *A Paris, chez Crépy* .... (Col.)

N° 10. — DESCRIPTION DU PAYS ARMORIQUE, à présent Bretaigne. — (*S. l. n. d.*)

N° 11. — CARTE GÉOMÉTRIQUE DE LA PROVINCE DE BRETAGNE ..... par ..... Ogée (1) ..... Gravé par Nion en 1771. Ecrit par C. D. Beauvais et par J. Dezauche. — En 4 ff. col. — Armes de Bretagne col. en tête du cartouche servant de titre.

N° 12. — CARTE GÉNÉRALE DE LA PROVINCE DE BRETAGNE ..... par une Société d'ingénieurs. 1775. — *Se vend à Rennes.*

N° 13. — CARTE GÉOMÉTRIQUE ET DÉTAILLÉE DE LA PARTIE DES COSTES DE BRETAGNE

(1) Jean Ogée (1728-1789), ingénieur géographe dans le corps des ponts et chaussées de Bretagne. On a de lui une série de travaux importants sur cette province, notamment des cartes de Bretagne et du comté de Nantes, un *Atlas itinéraire de la Bretagne* (1769, in-4°), un *Dictionnaire historique et géographique de la province de Bretagne* (1778-1780, 4 vol. in-4°), etc.

qui s'étend depuis St Malo jusqu'au Cap Frehel, levée par M. De Lespinasse de Villiers (1), sur les observations de M[rs] de l'Académie Royale des Sciences ..... — Anno 1760. (*S. l.*) Gravé par Chalmandrier. Le Roy le J[ne] scrips. — Les cours d'eau et les rivages teintés, ainsi que les localités et situations des troupes.

N° 14. — Les grands chemins de Bretagne : De Rennes à la mer. — Carte manuscrite. — (*S. l. n. d.*) Col.

N° 15. — Nouvelle carte de l'Évêché de Rennes ..... par M[r] l'Abbé Godet. — *Paris* (*s. d.*), *chez Chalmandrier, et Rennes, chez Guillot.*

N° 16. — Plan de la ville de Rennes, levé par F. Forestier, après l'incendie arivée (*sic*) le 22 X[bre] 1720. Gravé à Rennes par Robinet. — Une partie manuscrite a été superposée à la carte imprimée.

N° 17. — Nouvelle description du Comté de Roussillõ, ensemble d'une partie des mons Pirénées, où confinēt la France et l'Espagne. 1639. — *A Paris, chez Jean Boisseau, Enlumineur du Roy, en Lisle du Palais à la fontaine de Jouvence.* (Avec une vue gravée : profil de la Forteresse de Salces.)

N° 18. — Generalis Lotharingiæ ducatus tabula ..... et Barrensis, necnon Metensis, Tullensis, Verdunensis et alii tractus inserti et finitimi ..... per Nicolaum Visscher. — *Amst. Bat.* (*s. d.*) Titre et vignettes en couleurs.

N° 19. — Les Duchés de Lorraine et de Bar, les Évêchés de Metz, Toul et Verdun ..... par Le Rouge (2), Ing[r] Géographe du Roy. — *A Paris, rue des Grands-Augustins.* 1743. — Limites des circonscriptions teintées.

N° 20. — [La France de l'Est, la Lorraine et l'Alsace avec la Suisse centrale jusqu'aux sources du Rhin.] Carte dont le titre doit figurer sur une autre feuille. (*S. l. n. d.*) — Les subdivisions de l'Alsace sont teintées.

N° 21. — Les Provinces des Pays-Bas catholiques ..... par le Sr Sanson ..... Dédiées au Roy ..... par Hubert Jaillot ..... — *A Paris, chez H. Jaillot* ..... 1707. (Flandre, Artois, etc.)

N° 22. — Carte des Pais-Bas, contenant la Flandre ..... le Boulonnais ..... et partie de la Picardie ..... par .... Le Rouge ..... — *Aparis* (*sic*), 1742. — En 6 feuilles, titre dans un magnifique cartouche gravé.

---

(1) L.-N. de Lespinasse, dit le chevalier de Lespinasse, peintre du dix-huitième siècle, auteur de divers traités sur la théorie et la pratique du nivellement, la perspective linéaire, le lavis des plans, etc.

(2) Georges-Louis Le Rouge, géographe du roi, auteur du *Théâtre de la guerre en Allemagne* (1741), du *Nouvel atlas portatif* (1748-1756), du *Recueil des côtes maritimes de la France* (1757), etc.

3° Corse.

N° 23. — CORSICA. — Coloriée aux rivages. Indications locales en italien. — (*S. l. n. d.*) — XVIe siècle.

N° 24. — CORSICA (*et*) SARDINIA, per Gerardum Mercatorem cum privilegio. (*S. l. n. d.*) — Deux cartes sur la même feuille, avec titre et cadre séparés.

Titre d'une carte de Corse, par Jean Blaeu.

N° 25. — ISLE DE CORSE (*et*) ISLE ET ROYME DE SARDAIGNE, par N. Sanson d'Abb(*eville*). — (*S. l. n. d.*) Sur la même feuille, en deux cadres séparés.

N° 26. — CARTA GEOGRAFICA DEL REGNO DI CORSICA. — (*S. l. n. d.*) — En italien.

N° 27. — INSULA CORSICA ..... juxta recentissimam designationem ..... æri incisa per Matthæum Seutter ..... —(*S. l. n. d.*) — Teintée par divisions administratives. Titre dans un cartouche gravé avec fig. — Voir la planche.

N° 28. — INSULARUM SARDINIÆ ET CORSICÆ DESCRIPTIO, per Fredericum de Wit. — *Amsterdam*, (*s. d.*). Titre dans un cartouche col. avec armoiries de la Corse et de la Sardaigne et fig.; teintée aux rivages.

N° 29. — INSULA CORSICA ..... — *Amsterdam, chez I. Covens et C. Mortier.* (*S. d.*) — Col. Armes de la Corse dans un cartouche.

N° 30. — INSULÆ CORSICÆ ..... chorographia per I. Vogt ..... et excusa studio Homannian. heredum Norib. 1735. — (*S. l.*) En deux couleurs. Titre dans un cartouche avec fig. et perspectives.

N° 31. — ÉTAT DE L'ÉGLISE, GRAND-DUCHÉ DE TOSCANE ET ISLE DE CORSE, par le Sr Robert ..... 1750. — (*S. l.*)

N° 32. — CARTE DE L'ISLE DE CORSE, par le Sr Robert de Vaugondy (1), fils de M. Robert, Géogr. ord. du Roi ..... — (*S. l. n. d.*)

N° 33. — CARTE NOUVELLE DE L'ISLE DE CORSE, dressée d'après une grande carte manuscrite levée sur les lieux par ordre de M. le Maréchal de Maillebois par le Sr Robert de Vaugondy ..... 1756. — *Paris, chez le Sr Robert* ..... Avec une légende des Camps et Attaques ..... — Col.

N° 34. — LES ISLES DE SARDAIGNE ET DE CORSE, divisées par provinces, tant civiles qu'ecclésiastiques; suivant les connoissances les plus récentes. Par le Sr Brion, Ing^r. Géographe du Roi. — *A Paris, chez Desnos, ingénieur pour les Globes et Sphères, rue Saint-Jacques, au Globe*, 1766.

Titre dans un cartouche formant paysage; en plusieurs couleurs. Titre général : Géographie moderne historique et politique. Leçon méthodique et élémentaire. On a collé aux deux côtés de la feuille une *Analyse de la Carte générale de l'Espagne et du Portugal.*

N° 35. — CARTE MILITAIRE DE L'ISLE DE CORSE, ... rectifiée en l'année 1740. — Coloriée, avec les plans de La Bastia, Calvi, l'Isle Rousse, St-Florens, Algagiola. — *A Paris, chez Le Rouge*, 1768. — Voir la planche.

N° 35 *bis*. — La même, en noir.

N° 36. — NOUVELLE CARTE DE L'ISLE DE CORSE, divisée en ses fiefs et juridictions avec ses différentes pièces. — *Paris, chez Mondhare*, 1769. — Col., avec une *Description abrégée* ..... dans un carton encadré.

N° 37. — L'ISOLA DI CORSICA DIVISA NELLE SUE PROVINCIE DI NUOVA PROJEZIONE. — *Venezia*, 1782. *Presso Antonio Zatta, con privilegio dell' Eccmo Senato. G. Zuliani, inc.* — Col. aux rivages et frontières de provinces.

---

(1) Robert de Vaugondy, géographe ordinaire du roi, né en 1723, mort en 1786.

N° 38. — L'Isle de Corse divisée par Juridictions, extraite de plusieurs cartes nationales. — *A Paris, chez Lattré* ..... 1783. Teintée sur les rivages et aux divisions administratives. Titre dans un cartouche orné.

N° 39. — Carte de l'Isle de Corse divisée par juridictions, extraite de plusieurs cartes nationales par M[r] de St Angelo. — *Et se trouve à Paris, chez Lattré, rue Saint-Jacques, à la Ville de Bordeaux.* — Dans un carton à gauche, la Corse et le Golfe de Lyon. — A droite, Description et [histoire] de l'Isle de Corse; texte gravé. Teintée aux rivages et aux subdivisions.

N° 40. — Isles de Corse et de Sardaigne, par M. Bonne (1), Ingén[r] Hydrographe de la Marine. — Hérisson del., André sculp. (*S. l. n. d.*)

N° 41. — Carte particulière de l'Isle de Corse, divisée par ses dix provinces ou juridictions et ses quatre fiefs. Levée sur les lieux par les ordres de la République de Gênes, et mise au jour par le Sr Bernard-Antoine Jaillot ..... *A Paris, chez Dezauche. Delahaye, sculpsit.* — (*S. d.*)

N° 42. — Carte minéralogique de l'Isle de Corse. Gravé à Bastia en 1786 avec l'agrément de M. de La Guillaumye, Intendant de l'Isle de Corse.

N° 43. — Département de l'Isle de Corse décrété le 3 février 1790 par l'Assemblée nationale. Divisé en 9 districts et 68 cantons. — *A Paris, chez Dumez, directeur de l'Atlas national.* (*S. d.*) — Atlas national N° 83. Teintée aux rivages et aux subdivisions principales.

N° 44. — L'Isola di Corsica divisa nelle sue provincie, o giurisdizioni e parte dell'Isola di Sardegna. — *Roma, presso la Calcografia Cam[le]* 1792. Au-dessous du cadre : *Gio. M[a] Cassini Som[co] incise.* — Titre dans un cartouche gravé, avec fig. Dans l'angle S. E. hors cadre : tom. I, N° 47.

N° 45. — Atlas national. Département du Golo (*et*) Département du Liamone, décrété le 12 Messidor an 2 (1er juillet 1793) par la Convention nationale. — *A Paris*, (*s. d.*) *chez G. Chanlaire* (2), *auteur propriétaire* (Col.).

N° 46. — Carte topographique de l'île de Corse dressée par ordre du Roi, d'après les opérations géodésiques et les levés du cadastre exécutés de 1770 à 1791, et dirigés par feu MM. Testevuide et Bedigis. Gravée au Dépôt général de la Guerre, à l'échelle d'un mètre pour 100000 mètres, terminée sous la direction de M. le comte Guillemot.... *Paris*, 1824. Avec 2 cartons : Carte des triangles de la Corse, observés de 1773 à 1790 pour l'exécution du cadastre général de cette île... par (le colonel) Tranchot, à l'échelle de 1/1000000[e], et carte générale servant à donner la

(1) Bonne (Rigobert), géographe, né à Raucourt (Ardennes), en 1727, mort en 1795.

(2) Pierre-Gabriel Chanlaire, né à Vassy en 1738, mort à Paris en 1817. La publication de son *Atlas national de France* eut lieu de 1790 à 1811.

position de l'île de Corse à l'égard des côtes d'Italie et de France; et un Tableau des arrondissemens, cantons, communes... du département de la Corse, avec le nombre des villes et villages, leur population et la superficie de leurs territoires en anciennes et en nouvelles mesures.

Cartouche gravé par Sébastien Le Clerc.

N° 47. — Département de la Corse. Atlas des départemens de la France, région Sud-Est. N° 19, par Donnet, Frémin et Levasseur. Gravé par Dyonnet et Ch. Simon. — *Paris*, 1841, *Dusillion éd*^{r}. Avec deux tableaux statistiques, une vue et les armes d'Ajaccio. Teintée aux subdivisions.

N° 48. — Atlas départemental. N° 19. Corse. — *Michel fils aîné.* (*S. l. n. d.*) Avec une vue gravée de la citadelle d'Ajaccio.

N° 49. — Ile de Corse. Lithographie de C. Motte. — (*S. l. n. d.*) Détail des rivages seulement. Au centre, le Monte-Rotondo.

N° 50. — Carte de Corse indiquant la répartition de l'indice céphalique par région. Dressée par le Dr A. Fallot (de Marseille) d'après les résultats de 200 mensurations. Sont seules indiquées les localités dont sont originaires les sujets mesurés.

N° 51. — Carte géologico-minéralogique de la Corse, par M. le Dr A. Mattei. — (*S. l. n. d.*) En couleurs. (Extr. des *Annales de la Corse*, planche 4.)

N° 52. — Carta geo-orographica da ilha de Corsega, organisada segundo o systema do conselheiro Mendonça Cortez sobre a carta hypsometrica da Europa central de A. Steinhauser 1877 e a geographica da França da C. Vogel, 1877. — Escala horisontal 1/750000°. *Instituto geogr° Portuguez. Samora gr.* (*S. l. n. d.*) Courbes de niveau.

I. — Sans la lettre.

II. — Autre, avec la lettre et teintée ; sans les courbes.

III. — Autre, avec la lettre et teintée, et les courbes en relief.

N° 53. — Carte de la Corse en cinq couleurs, gravée par Erhard, à l'échelle de 1/400000e. Achevé d'imprimer le 2 juin 1891. Avec un carton : carte géologique de l'île dans la Méditerranée. *F. Escard direxit.*

4° Colonies d'Afrique.

N° 54. — Partie de la coste de Barbarie en Africque, où sont les royaumes de Tunis et Tripoli et Pays circum-voisins, tirés de Sanuto et d'autres, par le Sr Sanson d'Abbeville..... — *Paris, chez P. Mariette,*.... 1655. — Coloriée aux rivages et aux subdivisions intérieures.

N° 55. — Carte de la Barbarie, de la Nigritie et de la Guinée, par Guill^me De l'Isle..... — *Amsterdam, chez Jean Covens et Corneille Mortier*..... — Teintée sur les rivages et aux divisions intérieures.

N° 56. — Carte de la Barbarie, le (*sic*) la Nigritie et de la Guinée, par Guillaume De Lisle..... — *A Amsterdam, chez Ian B^t Elwe,* 1792. — (Col.)

N° 57. — Nouvelle carte du roiaume d'Alger, divisée en toutes ses provinces..... par Reinier et Iosua Ottens à Amsterdam.

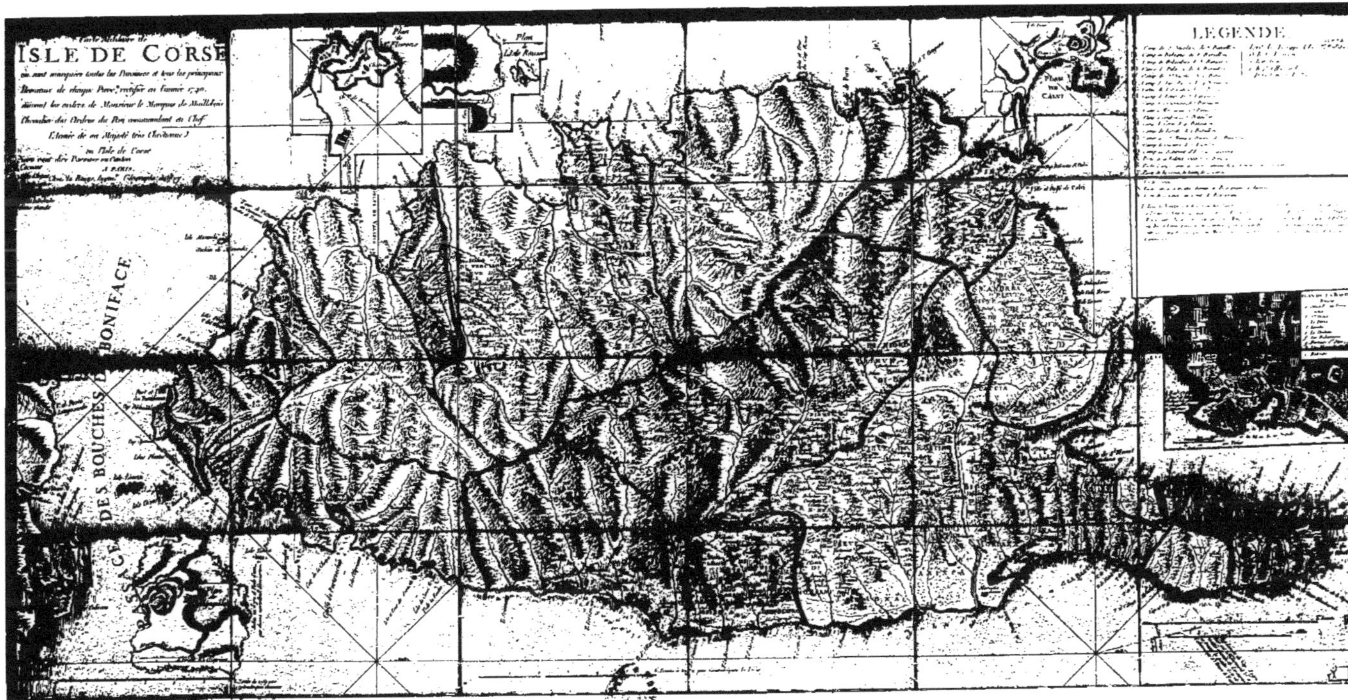

Carte militaire de la Corse (1768).

Phototypie Berthaud, Paris

N° 58. — (Côtes septentrionales d'Afrique, du Cap Bingut au Cap Falcon, avec une vue perspective : *De Stad Algiers*. H. de Leth fecit. (*S. l. n. d.*) — Col. et 2 cartons : *Cercelli* et *Baye d'Alger*.

N° 59. — De Stad, Haven en Mouillie van Algiers, neven desselfs Kasteelen. — *t' Amsterdam, by Gerard van Keulen*. (*S. d.*) — Vue perspective, gravée.

N° 60. — Tunes, Oppidum Barbariæ,..... anno 1535; Africa, olim Aphrodisium; (et) Peñon de Veles. — (*S. l. n. d.*) — Trois vues perspectives sur la même feuille, chacune dans un cadre séparé et dessinées d'après nature par Jean Maius.

N° 61. — Effigies ampli Regni auriferi Guineæ in Africa..... extensum..... de Cabo Verde ad flumen Benin..... Delineata per S. Rovelascum et politioribus lineamentis figurata per Lodovicum Texeram..... — *Baptista Doetechomius sculpsit*. (*S. l. n. d.*) — Carte col.; dans un double cartouche, deux scènes de la vie des habitants de Bénin, en couleurs.

5° Colonies d'Amérique.

N° 62. — Carte de la Nouvelle-France..... servant à la navigation faicte en son vray Méridien par le Sr de Champlain. — (*S. l. n. d.*)

Fac-simile d'une carte « Faicte l'an 1632 par le Sr de Champlain », d'après une note gravée sur la planche.

N° 63. — Carte de la Nouvelle-France, ... de la Floride, de la Louisiane, de la Virginie,..... etc..... Dressée sur les mémoires les plus nouveaux recueillis pour l'établissement de la compagnie française occident.

N° 64. — Canada et Louisiane. Par le S^r Le Rouge, Ingénieur Géographe du Roy. — *A Paris, rue des Augustins. Avec privilège du Roi*. 1755. Teintée aux rivages. Vignette : Sault du Niagara.

N° 65. — Carte des possessions angloises et françoises du Continent de l'Amérique septentrionale. 1755. — (*S. l.*) Col.

N° 66. — Les Isles Antilles, etc., entre lesquelles sont les Lucayes et les Caribes. Par N. Sanson d'Abbeville, Géogr. ord^re du Roy. — *A Paris, chez Pierre Mariette..... rue Saint-Jacque à l'Espérance. Avec privilège du Roy, pour vingt ans*. 1656. *I. Somer sculps*. — Les rivages col. Le titre dans un cartouche orné.

N° 67. — Archipelague du Mexique où sont les Isles de Cuba Espagnole, Jamaïque, etc. Par Pierre Mortier..... — *A Amsterdam* (*S. d.*).

Un titre hors cadre porte : Teatre (*sic*) de la guerre en Amérique telle qu'elle est à présent possédée par les Espagnols, Anglois, François, et Hollandois, etc.

N° 68. — Mappa geographica complectens : I. Indiam occidentalem. II. Isthmum Panamensem. III. Ichnographiam præcipuorum locorum et portuum ad has terras pertinentium. Desumta omnia ex Historia Insulæ S. Dominici pro præsenti statu belli, quod est 1740 inter Anglos et Hispanos exortum, luci publicæ tradita ab Homannianis hereditibus. Cum Privil. S. Cæs. Maj.

Nicolas SANSON, d'Abbeville.
(D'après une estampe de la Bibliothèque nationale.)

Le titre ci-dessus en tête dans un grand cartouche orné; aux quatre angles de la carte : 1° l'isthme de Panama; 2° plan des forts et du port de Saint-Augustin; 3° plan de la Vera-Cruz; 4° plan de Saint-Domingue; au bas de la feuille, vue perspective de Mexico. Au centre : Carte des Isles de l'Amérique et de plusieurs Pays de terre ferme situés au devant de ces Isles et autour du Golfe de Mexique. Dressée.... par le S^r d'Anville, Géographe ord^re du Roi. Mars 1731. — Rivages, plans et subdivisions teintés.

N° 69. — Partie de la Mer du Nord où se trouvent les grandes et petites Isles Antilles et les Isles Lucayes. Par le Sr Robert..... 1750. (*S. l.*) — *Guill^e Delahaye sculpsit.*

N° 70. — Carte du golfe du Mexique, avec l'isthme de Panama, les Lucayes et les Antilles.... — *A Paris*, (*s. d.*) Col.

N° 71. — Insula Matanino Vulgo Martanico..... per Nicolaum Visscher..... — (*S. l. n. d.*), planche en couleurs.

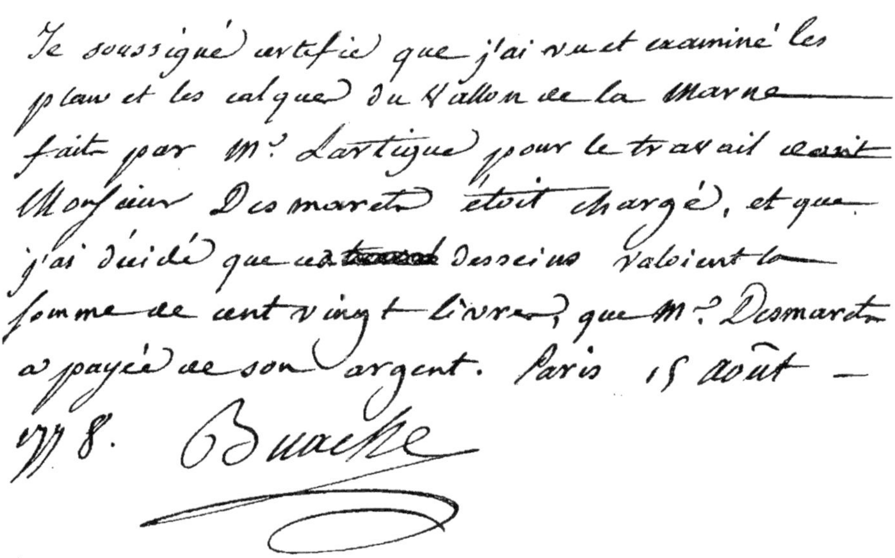

Je soussigné certifie que j'ai vu et examiné les plans et les calques du Vallon de la Marne fait par M.r Lartigue pour le travail dont Monsieur Desmarets étoit chargé, et que j'ai décidé que ces dessins valoient la somme de cent vingt livres que M.r Desmarets a payée de son argent. Paris 15 août 1778. Buache

Quittance de Jean-Nicolas Buache de la Neuville (1741-1825), premier géographe du roi.
(*Collection de M. G. Marcel.*)

N° 72. — Carte de l'Isle de la Martinique,..... dressée sur des plans manuscrits, entr'autres sur celui de M. Houel,..... et conciliés avec des mémoires particuliers de feu Mr Guill. Delisle..... Par..... Philippe Buache, de l'Académie royale des sciences et gendre dudit Sr Delisle. — *A Amsterdam, chez Jean Covens et Corneille Mortier.....*

N° 73. — Kaart van het eiland Martinique. — (*S. l. n. d.*)

N° 74. — Het Westindisch Eiland Martenique volgens de nieuwste Waar neemingen in Kaart gebragt. — *'t Amsterdam, by I. Tirion.* En plusieurs couleurs. Titre dans un cartouche col.

II

Diverses.

Nº 75. — Carte des côtes de l'Europe et de l'Afrique du Nord. Larg. 1m,20. Haut. 0m,85. — Voir la planche.

Portulan peint sur vélin par Giacomo Maggiolo en 1563.

A gauche on lit, au-dessous d'une petite figure de la Vierge : *Jacobus de Maiolo composuit hanc cartam in Ianua* (*Gênes*), *anno Domini* 1563, *die XX maii in Lospitaleto.*

Un certain nombre de petits personnages parsemés sur l'emplacement des divers pays et accompagnés d'inscriptions explicatives, représentent les rois de ces pays. Derrière les souverains africains et asiatiques, sont en outre des tentes ornées d'étoffes richement brodées d'or.

Au-dessous de deux d'entre eux, dans la région de l'Afrique occidentale, on lit *Re gi Lofo* et *Mantinga*, où il faut reconnaître les noms actuels des Ouolofs et des Mandingues. Le Négus d'Abyssinie est qualifié de Prêtre Jean, *Prete Ianni*, suivant l'erreur généralement répandue à cette époque. L'Océan est sillonné de vaisseaux et la mer Rouge est teintée en rouge foncé.

Le cartographe génois, Giacomo Maggiolo, était fils de Vesconte Maggiolo, qui a laissé plusieurs portulans célèbres. D'après une note du Catalogue de la Bibliothèque orientale de M. Charles Schéfer, il existe du même auteur, à la Biblioteca Vittorio Emanuele, à Rome, un second portulan daté de 1561, et présentant beaucoup d'analogie avec celui que nous venons de décrire.

Nº 76. — Le Cours du Rhin. Dressé sur les nouvelles observations, par Le Rouge. — *A Paris*, 1744. Un titre général, hors cadre, porte : Théâtre de la guerre sur le Rhin, sur la Meuse, sur la Moselle et sur le Neckre.

Nº 77. — La Vederavie (Wetteravie) ..... Par ..... Le Rouge. — *Paris,* 1745.

Nº 78. — Carte du Cours du Pô, depuis Pavie jusqu'à Ferrare ..... Par le Sr Robert. — *Paris, chez l'auteur, quai de l'Horloge*, 1742.

Nº 79. — Le Piémont et le Monferrat ..... limité suivant l'article 4 du Traité d'Utrect ..... Par ..... Le Rouge, 1744. — *Paris, chez le Sr Le Rouge.*

Nº 80. — Le Royaume de Bohême, carte réduite sur celle de 25 feuilles, faite à Prague par Müller. — *A Paris*, *par et chez le Sieur Le Rouge*, *Ingr Géographe du Roy*, *rue des Grands-Augustins, vis-à-vis le Panier Fleury. A. P. D. R.* 1742. Titre dans un cartouche avec trophée d'armes et personnage.

Nº 81. — Plan de Prague, ... prise par l'armée de France, de Bavierre (*sic*) et de Saxe, dans la nuit du 25 au 26 Decemb. 1741 ..... — *A Paris, chez l'auteur et chez le Sr Nolin ..... et le Sr Humblot ..... Baieul le jeune excud. et sculp.*

Nº 82. — Le Royaume de Pologne, comprenant les Etats de Pologne et de Lithuanie ..... Selon les Mémoires de Starovolsc, de Hartknoch, etc. .... — *Paris*, *chez Longchamps* (*s. d.*). — Col. par provinces. Avec un tableau des divisions géographiques du royaume de Pologne, par le Sr de Tillemont.

N° 83. — CARTE DU BOSPHORE OU DU CANAL DE LA MER NOIRE ..... levée sur les lieux en MDCCXXXII ..... par P. G. F. D. Bohn. Carte manuscrite, collée sur toile.

N° 84. — GRÆCIÆ PARS SEPTENTRIONALIS auctore Guillelmo Del'Isle. — *Paris, mars* 1798. (Col.)

Vignette-adresse du géographe Nicolas de Fer (1).
(Gravure extraite des *Menus et programmes illustrés*, par Léon Maillard.)

N° 85. — GRÆCIÆ ANTIQUÆ TABULA NOVA. Pars meridionalis ..... Autore Guillelmo Delisle ..... — *Paris, chez l'auteur, quai de l'Horloge, à l'enseigne de l'Aigle d'Or* ..... *Oct.* 1707. Le titre dans un beau cartouche avec figures et perspectives. Teintée aux rivages.

N° 86. — RETRAITE DES DIX MILLE ..... (par Guillaume Delisle). — *Paris, chez l'auteur, quay de l'Horloge,* 1er *oct.* 1723. — Les noms de lieux en latin; l'itinéraire tracé en rouge.

N° 87. — ALEXANDRI MAGNI IMPERIUM ET EXPEDITIO. Tabula elaborata a Guillelmo Delisle ..... Opus posthumum editum anno MDCCXXXI ..... — *Paris.* Les itinéraires et les rivages teintés.

N° 88. — CARTE DES COSTES MARITIMES DE L'EUROPE pour servir d'intelligence aux affaires présentes, par J.-B. Nolin. — *A Paris, chez Daumont,* 1756. Col. pour les espaces maritimes.

(1) Nicolas de Fer, géographe du roi, né en 1646, mort en 1720. Il exécuta plus de 600 cartes ou plans.

N° 89. — La mer Méditerranée et les costes des Estats qui la borne [nt]. Par N. de Fer..... — Titres dans des cartouches gravés, accostés de personnages et d'animaux. — *A Paris, chez l'auteur, dans l'Isle du Palais sur le quay de l'Orloge, à la Sphère Royale*..... 1709.

N° 90. — Carte de quelques Isles comprises entre le méridien de Gênes et celui de Candie. — (*S. l. n. d.*)

N° 91. — Eigentliche abbildund, der starcken Vestung Larache, ein furnhemer meerhauen in Barbarien, welche in nahmen Koniglicher Maiest. von Hispanien, durch den Marckgrawen von S. Germein ist eingenomen worden, A°. 1610 in Novēb. — Carte gravée avec les sites en perspective.

N° 92. — Carte d'Amérique dressée pour l'usage du Roy. Par Guillaume Delisle ..... — *A Paris, chez l'auteur, sur le quay de l'Horloge*, 1722.

N° 93. — Mexique ou Nouvelle-Espagne, Nouv^lle^-Gallice, Iucatan, etc., et autres provinces jusques à l'Isthme de Panama ..... par N. Sanson d'Abbeville ..... — *A Paris, chez Pierre Mariette, rue St Jacque, à l'Espérance, avecq privilège du Roy pour vingt ans*. 1656. Somer, sculp. Titre dans un cartouche orné.

N° 94. — Le Nouveau-Mexique et la Floride..... par N. Sanson d'Abbeville..... — *A Paris, chez Pierre Mariette, rue Saint-Jacque, à l'Espérance, avec privilège du Roy, pour vingt ans*. 1656. Titre dans un cartouche gravé. Somer, sculp.

M. CAMILLE BERNÈS

CHOROGRAPHICA DESCRIPTIO PROVINCIARUM CONVENTUUM CAPUCINORUM. — *Augustæ Taurinorum* (Turin), 1649, un vol. in-4° oblong.

M. ALPHONSE DEGRUELLE

CARTE DES CHAÎNES DE MONTAGNES DE LA FRANCE et de ses principales rivières, des principaux canaux de navigation faits ou à faire dans ce royaume. Présentée au Roi par les Elus des Etats de Bourgogne le 8 septembre 1782, gravée par Monnier (1), graveur des Etats.

M. LE COMTE DESMAZIÈRES

LE DUCHÉ DE BADE, divisé en neuf cartes géografiques (*sic*),.... contenant non seulement les Etats, seigneuries et bailliages qu'il contient, mais aussi celles qui y confinent, par le Sr Buna. — *Francfurt-am-Mein, bey Heinrich Ludwig Broenner*, (*s. d.*).

Cette carte a appartenu à Napoléon Ier et porte des traits au crayon rouge, tracés de sa main.

Elle était au nombre des objets à son usage, rapportés de Sainte-Hélène et partagés entre ses exécuteurs testamentaires. C'est ainsi qu'elle se trouva en la possession de l'un d'entre eux, le comte Marchand, qui l'a transmise à M. le comte Desmazières.

(1) Louis-Gabriel Monnier, graveur français (1733-1804), est également l'auteur d'une carte topographique de la Bourgogne.

M. LÉON DRU

Etudes, plans, coupes et photographies d'une mission pour le Gouvernement russe, au Caucase, aux stations d'eaux minérales de Piatigorsk, de Geleynowodsk, de Kislowodsk et d'Essentouky.

Plans, cartes et travaux de géologie de la région comprise entre Tsaritsine et Kalatch, pour un projet de canal entre le Don et la Volga.

Plan en relief de cette même région avec le tracé du canal.

Projet de la traversée (pont et tunnel) du Bosphore de Thrace en face de Constantinople, pour relier les chemins de fer turcs à ceux d'Asie Mineure.

Etude géologique et hydrologique de la région des Chotts tunisiens, pour le projet de mer intérieure africaine.

Cartes et études d'un projet pour la traversée de l'isthme de Kra, entre le golfe de Siam et la mer des Indes.

Divers ouvrages et brochures sur ces questions.

Mme J.-B. DUMAS-MILNE EDWARDS

Mappemonde manuscrite de Salomon de Caus (1). — Pièce sur vélin. Largeur, 0m,80. — Hauteur, 0m,47.

Dans une communication faite à la Société de l'Histoire de France (2), M. J. Desnoyers a démontré, d'une façon certaine, l'attribution de cette mappemonde à S. de Caus, qui a dû l'exécuter entre 1621 et 1626.

Les inscriptions sont en quatre couleurs. Aux angles sont quatre médaillons circulaires qui représentent le port de la Havane, « *Québec, habitation qu'ont les Français au Canada* », la ville de Cusco et une vue de Carthage. A la partie inférieure de la carte, sont en outre quatre petits médaillons ovales, où l'on voit une vue de Barbarie, la ville de la Floride en Virginie, l'île de Rhodes et l'île de Saint-Thomas sur la côte occidentale de l'Afrique.

---

(1) Salomon de Caus, né vers 1576, mort à Paris en 1626.

(2) Voir l'*Annuaire Bulletin de la Société*, année 1875, 196-19?.

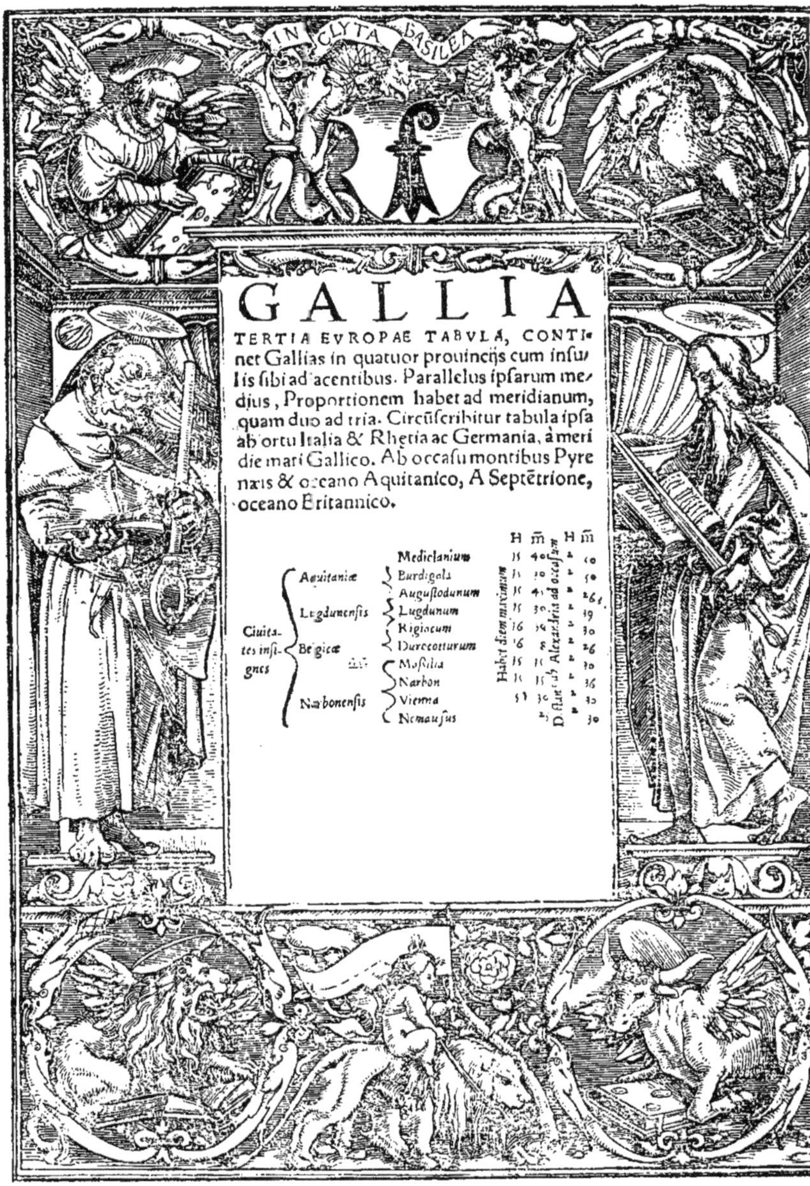

IN CLYTA BASILEA

GALLIA

TERTIA EVROPAE TABVLA, CONTInet Gallias in quatuor prouinciis cum insulis sibi adiacentibus. Parallelus ipsarum medius, Proportionem habet ad meridianum, quam duo ad tria. Circūscribitur tabula ipsa ab ortu Italia & Rhetia ac Germania, à meridie mari Gallico. Ab occasu montibus Pyrenæis & oceano Aquitanico, A Septētrione, oceano Britannico.

			Habet diem maximum H	m̄	Distat ab Alexandria ad occasum H	m̄
		Medielanium	15	40	2	10
Ciuitates insignes	Aquitaniæ	Burdigala	15	10	2	50
	Lugdunensis	Augustodunum	15	45	2	26
		Lugdunum	15	30	2	19
	Belgicæ	Rigiacum	16	54	2	30
		Durocotturum	16	8	2	26
	Narbonensis	Massilia	15	15	2	30
		Narbon	15	15	2	36
		Vienna	15	30	2	30
		Nemausus		25	2	30

Gravure extraite de la *Géographie de Ptolémée* (édition de Bâle, 1545).
(*Bibliothèque de la Société de géographie.*)

COLLECTION DE L'ÉCOLE POLYTECHNIQUE

N° 1. — PTOLEMAEI CLAUDII, GEOGRAPHICÆ NARRATIONIS LIBRI OCTO..... — *Nuremberg* (*s. n.*), 1524, in-folio.

Exemplaire du collège des Jésuites de Leyde, rel. du temps.

N° 2. — Cellarius (Christophorus). — GEOGRAPHIA ANTIQUA IN COMPENDIUM REDACTA. — *Romæ* (*s. n.*), 1774, Atlas grand in-folio.

Rel. mosaïque aux armes du pape Pie VI. Très belles gravures entièrement gouachées à la main.

N° 3. — [Bruin (Georges)]. — THÉATRE DES CITÉS DU MONDE. — (*S. l.*), 1574, 2 vol. grand in-folio. Frontisp. gr. et col., pl. col. à la main.

N° 4. — Hondius (Henri) (1). — NOUVEAU THÉATRE DU MONDE OU NOUVEL ATLAS..... — *Amsterdam, Henry Hondius*, 1641, in-folio (tome Ier). Frontispice gravé. Pl. col. à la main. Rel. parchemin fleurdelisé.

N° 5. — Blaeu (Guil. et Jean) (2). — LE THÉATRE DU MONDE OU NOUVEL ATLAS..... — *Amsterdam, Guil. et Jean Blaeu*, 1635-1644, 5 vol. in-folio. Pl. col. à la main. Rel. fleurdelisée.

N° 6. — Jansson (Jean). — LE THÉATRE DU MONDE OU NOUVEL ATLAS..... — *Amstelodami, apud Iohannem Janssonium*, 1649-1650, 5 vol. in-folio. Frontisp. gr. et col.

N° 7. — Maraldi et Cassini de Thury. — CARTE DE FRANCE, à l'échelle de 1 ligne pour 10000 toises. — 1744. Boite forme livre, renfermant les cartes nos 86 à 90.

N° 8. — Drumont (baron de Carelscroon). — HISTOIRE MILITAIRE DU PRINCE EUGÈNE DE SAVOYE..... — *La Haye, Isaac von der Kloot*, 1729, 2 vol. in-folio et atlas.

Ex-libris du marquis de Caraman.

N° 9. — Drummond de Melfort (Cte). — TRAITÉ SUR LA CAVALERIE..... — *Paris, Nyon aîné et fils*, un vol. grand in-folio et un vol. de pl. formant atlas.

Rel. mar. rouge aux armes de Vergennes.

---

(1) Hondius (Henri), né vers 1588, mort vers 1633.
(2) Guillaume Blaeu ou Blaeuw, né à Alkmar en 1571, mort en 1638. Son fils Jean mourut en 1678.

M. ERHARD

CAMPAGNE DE L'EMPEREUR NAPOLÉON III EN ITALIE, 1859. — Deux atlas in-folio portant comme titre : l'un, Atlas des champs de bataille, l'autre, Atlas des marches, etc.

Ces deux atlas, gravés par Erhard-Schieble, ont été publiés par le Dépôt de la guerre en 1860-1861, sous le ministère du maréchal Randon. Ils présentent au point de vue technique un grand intérêt comme un des premiers essais de gravure en couleurs sur pierre.

M. CH. GAUTHIOT

THE TROELFTH (1) CAKE. LE GATEAU DES ROIS. — *Erimeln sculp.*

Estampe allégorique du partage de la Pologne. Gravure de N. Lemire, d'après Moreau e Jeune.

ALBUM DE CARTES figurant l'itinéraire (par voie de terre et fluviale), suivi de Lang-Son à Pékin par les ambassadeurs annamites, chargés de porter le tribut à la cour de Chine. Daté du 15ᵉ jour de la 2ᵉ lune de Yi-Yeou (1825).

Manuscrit de 125 ff. in-folio, papier de Chine. Peintures d'une grande finesse, représentant les villes, villages, fleuves, etc., rencontrés sur la route.

M. FRÉDÉRIC GIBERT

PLAN DE PARIS commencé l'année 1734. Dessiné et gravé sous les ordres de Messire Michel-Etienne Turgot.... Prévôt des march[ds].... Achevé de graver en 1739.... Levé et dessiné par Louis Bretez. Gravé par Claude Lucas et écrit par Aubin.

Plan de Louis Bretez, dit plan de Turgot, en 20 feuilles in-folio. Le titre, renfermé dans un cartouche, est placé à la partie inférieure du plan, sur les feuilles 18 et 19.

(1) Pour *Twelfth.*

M. A. GRANDIDIER

MEMBRE DE L'INSTITUT

Fac-similés de cartes anciennes de Madagascar.

Extrait de l'Atlas de : *Histoire physique, naturelle et politique de Madagascar*, publiée par A. Grandidier. — *Paris, Imprimerie nationale*, 1879-1886, in-4°.

Série de cartes montrant les progrès successifs qui ont été faits dans nos connaissances géographiques de l'île de Madagascar depuis 1153, année où le savant arabe Edrisi a esquissé une première carte représentant Madagascar et les Comores, jusqu'au commencement du dix-neuvième siècle.

Les plus intéressantes sont celle de Cantino en 1502 (voir la gravure), dressée au retour de Pedralvarez Cabral, dont un des lieutenants, Diégo Diaz, a, le premier Européen, reconnu l'existence de Madagascar, celle de Pedro Reinel en 1517 qui en donne déjà les contours d'une façon satisfaisante, celle de Flacourt (1656) et celle de D'Après de Mannevillette en 1753. Mais il faut arriver à 1871 pour trouver une carte exacte de la grande Ile, et cette carte est celle qu'a dressée M. Alfred Grandidier au retour de ses voyages.

Madagascar. Géographie Pl. 5

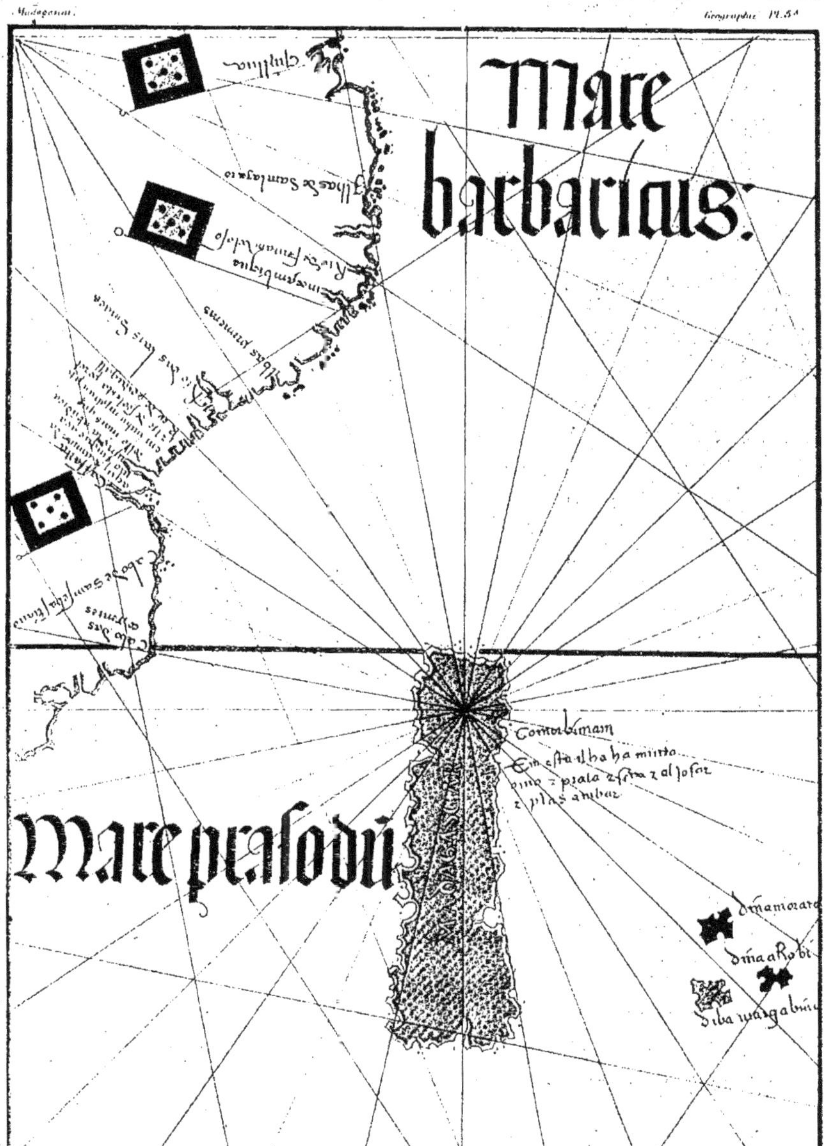

Madagascar d'après Albert Cantino (1502)

Gravure extraite de l'*Histoire de Madagascar*, par M. A. Grandidier.

M. LE PROVOST DE LAUNAY

Globe terrestre surmonté d'une sphère céleste plus petite, le tout porté par une statuette d'Atlas, debout sur un socle, lequel est orné ainsi que la partie supérieure de consoles ajourées d'un dessin très élégant.

Autour de la base, sont représentées, dans des cartouches, des scènes se rapportant aux différentes parties du monde.

La sphère céleste, tournant sur un pivot, est entourée de deux cercles, dont l'un porte gravés les noms des seize vents principaux.

Voir la planche.

Ce monument en argent ciselé et doré, qui a été l'objet d'un travail de M. Eug. Chatel (1), décèle par sa facture l'époque à laquelle il fut exécuté et les renseignements inscrits sur le globe terrestre viennent la confirmer. Il appartient au commencement du dix-septième siècle et fait partie de cette série de hanaps ou vases à boire, qui ont été décrits par M. G. Marcel dans le Compte rendu de sa mission géographique en Suisse (2). Leur intérêt réside plus dans la façon artistique dont ils ont été conçus et exécutés, que dans la valeur scientifique de la carte. Ils ont été généralement ciselés par d'habiles ouvriers pour de riches particuliers, ou pour des sociétés ou des associations diverses. Celui de M. Le Provost de Launay porte au pied la marque du graveur Abraham Gessner, de Zurich (1552-1614), déjà connu par plusieurs hanaps du même genre, notamment au Musée de Zurich et au South Kensington.

(1) *Revue des Sociétés savantes des départements*, 3e série, t. III (1864), p. 451-452.
(2) *Bulletin de la Société de géographie de Paris*, 1899.

Hanap en argent ciselé, par Abraham Gessner (1552-1614).

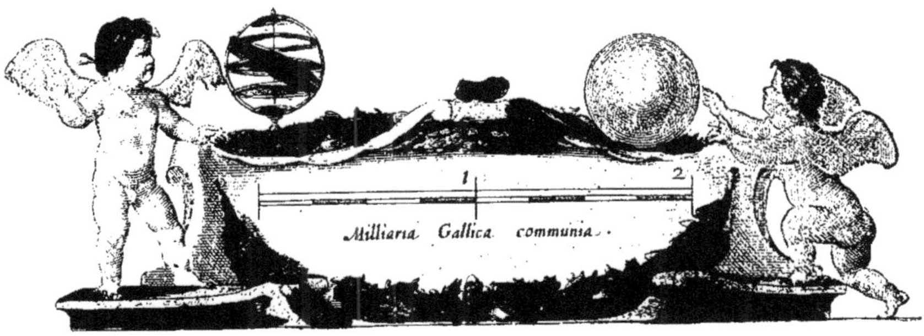

M. GABRIEL MARCEL

N° 1. — Carte des Dardanelles, depuis les châteaux d'Europe et d'Asie jusqu'à Gallipoli.

Cette carte manuscrite a été levée en 1786 par le major de vaisseaux Truguet (plus tard vice-amiral), d'après les instructions de M. de Choiseul-Gouffier, ambassadeur de France à Constantinople. Ce dessin à l'encre, relevé de couleurs, constitue un lever très soigné avec de nombreux sondages hydrographiques, l'indication des courants et la nature des fonds. Nous ne croyons pas que cette carte manuscrite ait été jamais utilisée par le Dépôt hydrographique.

N° 2. — Plan manuscrit des bords de la Charente, à Petit-Chalonne.

Très beau dessin de la première moitié du dix-neuvième siècle, d'un parc à établir sur les coteaux qui bordent la rivière.

N° 3. — Carte des domaines de la Couronne. Domaine de Saint-Germain en six feuilles. 6e feuille (forêt du Vésinet) 1/5000e.

Echantillon de cette très belle carte gravée, publiée sous Louis-Philippe et non mise dans le commerce.

N° 4. — Plan du ci-devant chateau et parc de Choisy-le-Roi.

Plan manuscrit anonyme non daté, ni signé, mais exécuté entre l'aliénation d'une partie du domaine et la démolition du château en 1797. Ce château, qui avait été bâti pour Louis XV par l'architecte Gabriel, fut habité à plusieurs reprises par Louis XVI et Marie-Antoinette. Il n'en existe plus aujourd'hui que deux pavillons et quelques restes sans grand intérêt.

N° 5. — Carte de France, par Coronelli (1688).

C'est la date des deux grands globes du même géographe, qui sont aujourd'hui à la Bibliothèque nationale. Cette carte de France est intéressante par son incorrection. Il fallut les travauxde Lahire et de Picard pour enfermer notre patrie dans ses véritables limites.

N° 6. — Carte manuscrite des environs de Sézanne.

Belle pièce anonyme du commencement du dix-neuvième siècle, de l'école de Cassini. Elle porte les armes d'un baron, chevalier de Saint-Louis et de la Légion d'honneur, dont l'écu est d'azur au chevron d'argent à trois fers de lance de même et qui a pour devise : *Pro Patria pugno*. Ces armoiries paraissent appartenir à un membre de la famille du Val de Fontenay-Mareuil (1).

A Nos Seigneurs les Elus generaux des Etats du Duché de Bourg.

Messeigneurs

Le Sr Delisle de l'Academie Royale des Sciences Vous remontre tres humblement que quand il s'est engagé a travailler par vos ordres a la Carte du Duché de Bourgogne et des Comtez qui en dependent, il sentoit bien que les conditions du Traité ne pouvoient que lui etre onereuses, mais que dans la vue de se rendre utile la Province, et de seconder le zele des Etats au service du Roi auquel ils ne doutoient pas que ce travail ne dût etre agreable, il avoit negligé dans le Traité ses propres interets dans l'esperance de meriter l'estime d'un corps aussi considerable et aussi illustre. Que la depense qu'il a faite a recouvrer les memoires qui lui etoient necessaires, a aquiter les ports des lettres et des paquets qu'il a reçus, a la gravûre et a l'impression de la Carte et des Livrets, et a fournir le nombre des exemplaires auquel il s'est engagé, a presque egalé la somme qui lui a eté accordée, et que le travail penible d'une année toute entiere, pendant laquelle il s'est uniquement appliqué a cet ouvrage lui seroit absolument infructueux, si les Etats n'avoient la bonté d'avoir quelque egard a sa remontrance. Ce consideré Messeigneurs, il espere de votre equité une gratification ou une pension qui acheve de l'attacher a une Province pour l'honneur et le service de laquelle il se fera toujours un singulier plaisir de s'employer dans les choses qui pourroient regarder son ministere.

2. Q. 20e P.

Requête adressée par Guillaume Delisle aux Etats de Bourgogne, relativement à sa carte du duché, gravée en deux feuilles.

(*Collection de M. G. Marcel.*)

N° 7. — Feuille 1 de la grande Carte des Chasses.

Spécimen de l'édition publiée sous le premier Empire de cette carte si magnifiquement gravée, si habilement levée par les ingénieurs géographes des camps et armées. Commencée sous Louis XVI et terminée en 1807, elle a servi de modèle et a formé le fond de toutes les cartes des environs de Paris jusqu'à une époque récente.

N° 8. — Plan général du lac de Grandlieu (avec projet de desséchement de cette nappe d'eau qui contenait alors 12500 arpents de superficie), fait par Hardouin Mansart, architecte ordinaire du roi, 1753.

C'est le petit-fils de Jules Hardouin Mansart, le grand architecte de Louis XIV. Ce Jacques II Hardouin Mansart, reçu de l'Académie d'architecture en 1735, est mort en 1778 ou 1779, d'après Jal. Ce plan est un curieux dessin manuscrit d'un homme qui n'avait pas l'ha-

(1) Note communiquée par M. R. Richebé.

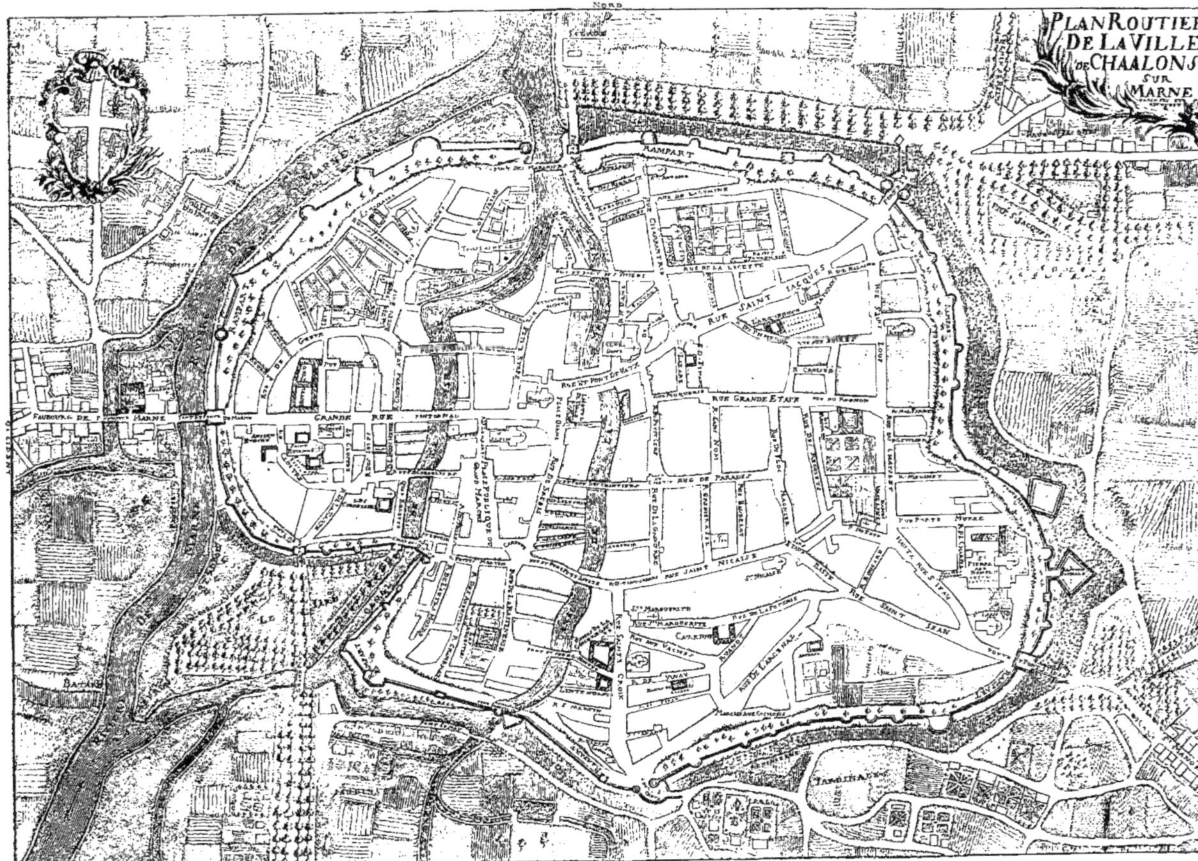

Plan de Châlons-sur-Marne, par Varin (dix-huitième siècle).
(*Collection de M. G. Marcel.*)

bitude de la topographie. Il présenterait un intérêt beaucoup plus vif si l'on retrouvait le mémoire qu'il devait accompagner. M. L. Maître, architecte de la Loire-Inférieure, a publié un très curieux mémoire sur le lac de Grandlieu que ce plan pourrait compléter. Ce n'est pas la première fois que nous voyons des architectes s'occuper des sciences voisines. Sous Louis XIII, N. Sanson est ingénieur et, sous Louis XIV, l'illustre Blondel, qui a construit la porte Saint-Denis, fut chargé de mission dans les Antilles pour fortifier un certain nombre de ports et de villes.

N° 9. — PLAN ROUTIER DE LA VILLE DE CHALONS-SUR-MARNE. — *Varin fecit et excudit.* — Voir la gravure.

Ce plan gravé ne porte pas de date; il est fort rare, croyons-nous, car il n'existe pas à la Section géographique de la Bibliothèque nationale et nous ne l'avons pas vu figurer une seule fois dans les catalogues de vente depuis vingt ans. Son auteur nous semble devoir être le graveur Joseph Varin, né à Châlons en 1740, et mort à Paris le 16 brumaire an IX. C'est Joseph Varin qui a gravé une grande partie de la carte de la Bourgogne, publiée par les Elus de cette province. Le faire du plan de M. G. Marcel paraît cependant plus ancien.

N° 10. — PLAN DU FOND DE LA BAIE DE LANDEVENECH.

Ce plan manuscrit du dix-huitième siècle est dû au fameux ingénieur Choquet de Lindu (1), dont il porte la signature manuscrite, à qui l'on doit un si grand nombre de beaux établissements de la marine à Brest. Sur ce plan sont indiqués, par des béquets, les véritables contours et les profondeurs du chenal tels qu'ils résultent de ses propres travaux, ce qui lui permit de rectifier les erreurs des cartes hydrographiques jusqu'alors existantes.

(1) Antoine Choquet de Lindu, né à Brest en 1712, mort en 1790.

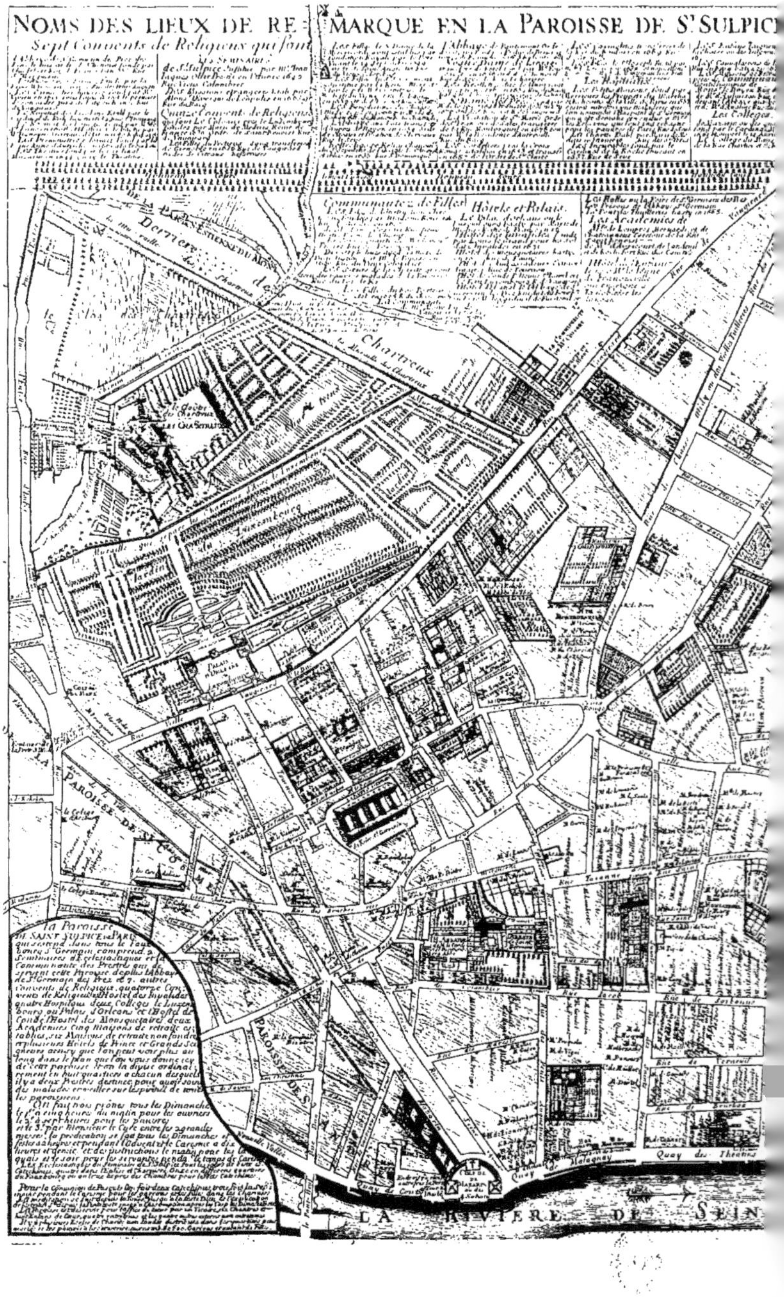
NOMS DES LIEUX DE RE-
MARQUE EN LA PAROISSE DE S.T SULPIC
Sept Convents de Religieux qui sont
Communautez de Filles
Hôtels et Palais
Les Academies de
Chartreux
Luxembourg
LA PAROISSE DE
LA RIVIERE DE SEIN

Phototypie Berthaud, Paris

M. E. MAREUSE

I

Plans de Paris.

Cartouche du plan de Paris, par Braun (1572).
(Collection de M. E. Mareuse.)

N° 1. — Lutetia, vulgari nomine Paris, urbs Galliæ maxima...

Au bas, à gauche, un gentilhomme saluant deux dames; ces trois personnages portent le costume du temps de Charles IX; à droite, quatorze vers, dont voici les premiers :

Paris pour vraÿ est la maisō roÿalle,
Du Dieu Phœbus en splendeur radiale
C'est Cÿrrhea pleine de bons espritz
Très vigoureux, faisans divers escriptz...

Ce plan est orienté comme la plupart des anciens plans de Paris, l'est étant en haut de la carte. Il est extrait d'un ouvrage publié à Cologne en 1572 et intitulé : *Civitates orbis Terrarum, in æs incisæ et excusæ, et descriptione topographica, morali et politica illustratæ;* il donne l'état de Paris vers 1530, et il est connu sous le nom de Braun, auteur de l'ouvrage dans lequel il se trouve.

N° 2. — Le plan de la ville, cité, université et fauxbourgs de Paris, avec la description de son antiquité et singularités (*sic*). *Mathæus Merian Basiliensis, fecit.*

Ce plan, daté de 1615, se compose de deux feuilles et comporte un texte annoncé par le titre, qui manque à l'épreuve exposée.

N° 3. — Le PLAN DE LA VILLE, CITÉ, UNIVERSITÉ, FAUXBOURGS DE PARIS, avec la description de son antiquité. — *A Paris, chez Melchior Tavernier, graveur et imprimeur du Roy pour les tailles-douces*..... MDCXXXV.

Ce plan, composé de deux feuilles, mesure 0m,48 × 0m,73 ou, avec le texte et les figures qui l'entourent, 0m,74 × 1m,11.

Plan de Paris (1641). — (*Collection E. Marcuse.*)

N° 4. — LE PLAN DE LA VILLE, CITÉ, UNIVERCITÉ (*sic*) ET FAUXBOURGS DE PARIS. — *Paris, Nicolas Berey*, 1641. 0m,315 × 0m,427.

Fait partie d'un recueil factice formé dès le dix-septième siècle par un collectionneur.

N° 5. — LA VILLE, CITÉ ET UNIVERSITÉ DE PARIS. — (*S. l. n. d.*)

Un cartouche, supporté par deux Amours, se trouve dans le bas à droite, mais il est resté vide.

Ce plan est un tirage, assez rare mais très médiocre, du plan dit de Du Cerceau, exécuté avec des retouches partielles vers 1650.

N° 6. — LUTETIA. PARIS, par Jacques Gomboust, 1652 (1). — *A Paris, rue Neuve-S.-Honoré, près S.-Roch, à l'Hostel du S.-Esprit* .....

(1) Ce plan est daté de 1652, mais son privilège, du 31 décembre 1649, montre qu'il a été dressé pendant les années 1646 à 1649.

Jacques Gomboust a publié aussi un plan de Rouen (1655), et un plan de Caen (1672), tous les deux en 6 feuilles.

Ce plan, l'un des plus rares et des plus intéressants, nous montre l'état de Paris au milieu du dix-septième siècle, au moment de la minorité de Louis XIV, alors qu'une grande partie de la ville du moyen âge subsistait encore. Sa gravure est si remarquable qu'on a eu l'idée de l'attribuer à Abraham Bosse. On n'en connaît au plus qu'une douzaine d'exemplaires, mais le plan offrait tant d'intérêt, qu'on n'en a pas fait moins de trois reproductions; l'épreuve de M. Marcuse est une épreuve originale en superbe état.

C'est le premier plan où on a renoncé à figurer tous les édifices en élévation; un pointillé remplace les maisons qui n'offrent aucun intérêt, et on n'a représenté que les édifices qui en valent la peine; sur la rive gauche, l'enceinte de Philippe-Auguste existe toujours, mais les faubourgs se construisent et la population déborde de tous côtés... Sur la rive droite, c'est l'enceinte bastionnée terminée sous Louis XIII, qui sert de limite à la ville, avant de disparaître elle-même à son tour. Il ne nous serait pas possible d'entrer dans tous les détails que comporterait l'étude de ce plan, surtout après les études complètes de MM. Bonnardot (1) et Leroux de Lincy (2). Autour du plan, qui assemblé mesure 1m,30 × 1m,46, se trouvent des bandes d'un texte typographié (qui portent ses dimensions à 1m,50 × 1m,80) relatif à *l'antiquité, grandeur, richesses, gouvernement, etc., de la ville de Paris*, par P. P. (Pierre Petit?). En haut du plan, à gauche et à droite, deux vues représentant *Paris veu de Montmartre* et la *Galerie du Louvre*. Au bas, deux piédestaux surmontés des armes de France et du chancelier Séguier, sur lesquels se trouvent quatorze vues des *Maisons royalles et remarquables aux environs de Paris*.

N° 7. — PLAN GÉNÉRAL DE LA VILLE, CITÉ, UNIVERSITÉ, ISLES ET FAUSBOURGS (*sic*) DE PARIS ..... par ..... Jean Boisseau, enlumineur du Roy pour les cartes géographiques. — *Paris, Louis Boissevin*, MDCLXIII.

Ce plan est entouré de douze vues. C'est la reproduction d'un original daté de 1654; il existe un tirage avec la date de 1657.

N° 8. — PLAN DE PARIS LEVÉ PAR LES ORDRES DU ROY ..... en l'année 1676, par le Sr Bullet (3), architecte du Roy et de la Ville souz la conduite de Monsieur Blondel, maréchal de camp aux armées du Roy.....

Ce plan se compose de douze feuilles.

N° 9. — PARIS ET SES ENVIRONS, dressé sur les desseins (*sic*) de M. Jouvin de Rochefort, trésorier de France, par N. de Fer ..... *Paris*, 1714.

Ce plan, composé de neuf feuilles, est une nouvelle édition, retouchée, du grand plan de Jouvin de Rochefort publié en 1690.

N° 10. — NOUVEAU PLAN DE PARIS ET DE SES FAUBOURGS, dressé sur la Méridienne de l'Observatoire et levé géométriquement par M. l'abbé Delagrive. MDCCXXVIII.

Ce plan très remarquable se compose de quatre feuilles et de deux demi-feuilles; on

(1) *Études archéologiques sur les anciens plans de Paris des seizième, dix-septième et dix-huitième siècles*, par A. Bonnardot. Paris, Deflorenne, 1851, in-4°.

(2) *Notice sur le plan de Paris de Jacques Gomboust, publié pour la première fois en 1652*, reproduit par la Société des Bibliophiles françois en 1858. Paris, Techener, Potier et Aubry, 1858, in-8°. — Consulter également: *Note sur le plan de Gomboust* [par le baron Gérome Pichon]. Paris, pour la Société des Bibliophiles, 1876.

(3) Pierre Bullet, né vers 1639, mort en 1716, construisit, à Paris, la Porte Saint-Martin et l'église Saint-Thomas-d'Aquin; il travailla aussi avec Blondel à la Porte Saint-Denis.

remarque en haut, à gauche, un joli portrait de Louis XV jeune, à qui le plan est dédié; et au bas, à droite, sous le titre *Observations*, une critique des plans précédents et l'exposé des raisons qui ont engagé l'auteur à dresser le sien.

N° 11. — PARIS, SES FAUXBOURGS ET SES ENVIRONS, où se trouve le détail des villages, châteaux, grands chemins pavéz et autres, des hauteurs, bois, vignes, terres et prez, levez géométriquement par le Sr Roussel, Cap^ne, ingénieur ord^re du Roy. — *Paris, Jaillot* [1731].

Neuf feuilles mesurant ensemble 1^m,195 × 1^m,745. La date se trouve à la dédicace au bas de la feuille 8. Il existe une édition de 1730 de ce plan aussi remarquable par son exactitude que par sa beauté.

N° 12. — PLAN DE PARIS, mis en carte géographique du royaume de France divisé par les gouvernemens des provinces, par M^r T[*eisserenc*]. — « On vend le plan de Paris et la Géographie parisienne chés Mr Simart, Libraire et Imprimeur de Monseigneur le Dauphin, rue de la Parcheminerie au Dauphin. »

Photographie à la grandeur de l'original (0^m,53 × 0^m,70), d'un plan fort rare dont on ne connaît qu'un exemplaire. Ce plan est de 1754, mais il est possible que l'exemplaire photographié soit d'un tirage postérieur, car le nom de Simart ne se trouve pas sur le livre qui l'accompagnait et le commentait :

Géographie parisienne en forme de dictionnaire, contenant l'explication de Paris ou de son plan, mis en carte géographique du Royaume de France, pour servir d'introduction à la géographie générale... Par M. Teisserenc, prêtre, bachelier en Théologie. — *Paris, Vve Robinot, Villette, Vve Amaury*, MDCC.LIV, in-12.

N° 13. — NOUVEAU PLAN DE PARIS, divisée (*sic*) en soixante districts et en ses vingt quartiers, fauxbourgs et environs. Augmenté des murs et barrières qui la renferment. Distribué en six divisions militaires, composées chacune de dix bataillons, et comprenant aussi chacune dix districts distingués par différentes couleurs. Présenté à M. le marquis de La Fayette, commandant général de la Garde nationale parisienne. — *Paris, Desnos*, 1789.

Ce plan mesure 0^m,790 × 1^m,055. L'éditeur s'est servi d'un plan antérieur qu'il a adapté à ce nouvel usage. Le titre, la table donnant le nom des soixante districts, et l'encadrement, sont rapportés. Il est très rare, et on ne le connaissait pas lorsque fut dressé, par M. Lucien Faucou, le plan de la ville de Paris en 1789.

N° 14. — NOUVEAU PLAN ROUTIER DE LA VILLE ET FAUXBOURGS DE PARIS, divisé en 48 sections. — *Paris, Esnauts et Rapilly*, 1793.

N° 15. — PLAN DE PARIS DIVISÉ EN 12 MUNICIPALITÉS. D[*essiné*] et g[*ravé*] par F. A. Dalencour.

N° 16. — NOUVEAU PLAN DE LA VILLE ET FAUXBOURGS DE PARIS, divisé en 20 quartiers, dont la plus grande partie a été rectifiée d'après différens desseins (*sic*) levés géométriquement par les Srs Beaurain et Deharme, géographes ..... Mis au jour par

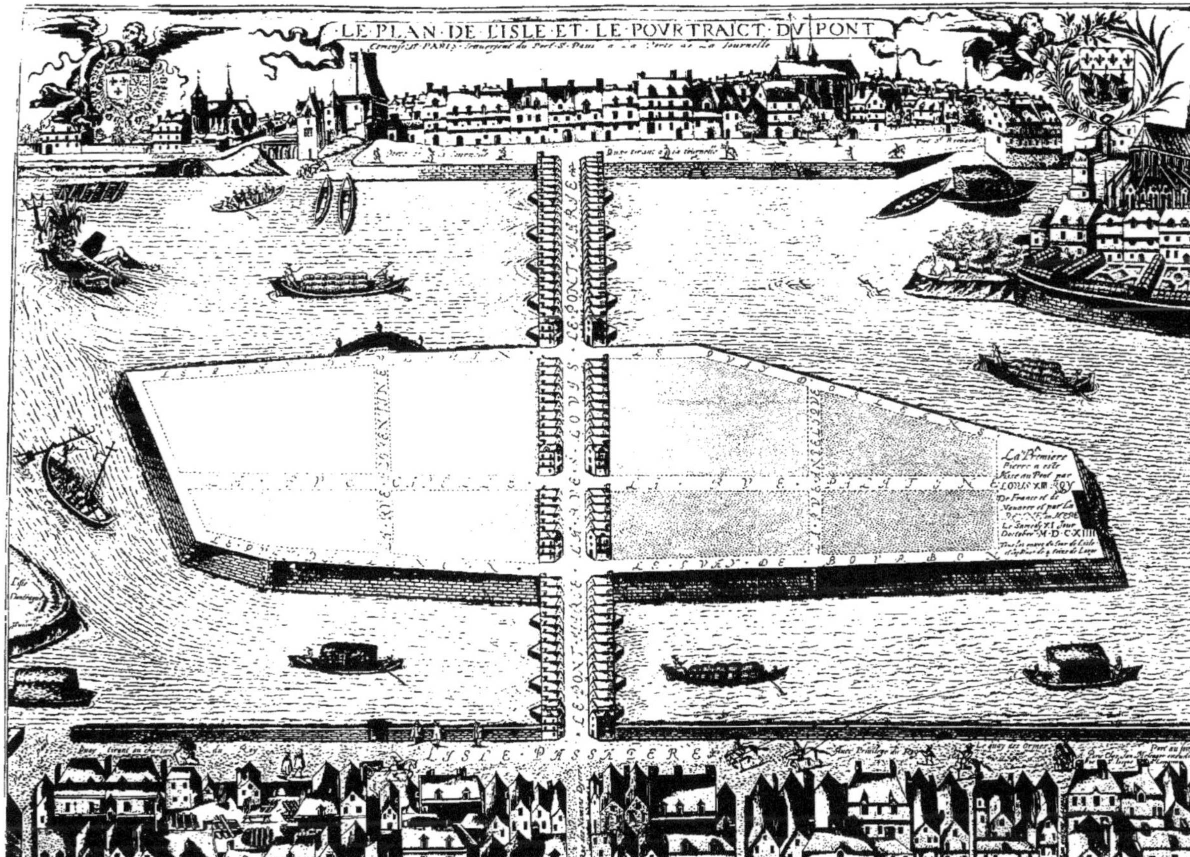

Phototypie Berthaud, Paris.

Plan de l'île Saint-Louis (époque Louis XIII).

les Srs Deharme et Desnos, ingénieurs-géographes. Dédié aux citoyens de la capitale par Desnos ..... Recorigé (*sic*) en 1795.

Une collette donne la table des rues, places, quais, édifices qui ont changé de nom depuis la Révolution.

N° 17. — Paris, ses fauxbourgs et ses environs ...., levéz géométriquement par le Sr Roussel, capitaine ingénieur. Revu et augmenté l'an IV de la République française.

Tous les emblèmes royaux, armes, fleurs de lis, L entrelacées, ainsi que la dédicace au roi, qui existent sur le plan de 1731 (N° 11), ont disparu. Le principal fleuron porte l'inscription suivante : *Le Génie de la Liberté est l'Ami des Arts.* La revision peu exacte de ce plan est attribuée à Chanlaire.

N° 18. — Plan général du canal de Paris projetté (*sic*) depuis l'Arcenal (*sic*) jusqu'à Chaillot... Par le Sr Boisson, ing[r] du Roy. J.-F. Blondel, delineavit et sculpsit. — (*S. l. n. d.*)

N° 19. — Plan du grand égout découvert avec ses ambranchements (*sic*) depuis le Pont-aux-Choux jusqu'à la Savonnerie au bas de Chaillot, dont la longueur est de 3106 toises, avec le détail des héritages sur lesquels passe led. égout. Ce grand ouvrage s'executte (*sic*) actuellement sous les ordres de M. Turgot, Prévost des Marchands, et sur les dessein (*sic*) du Sr Beausire, architecte du Roy et de la ville de Paris en l'année 1738, par les Srs Varin et Cordier, entrepreneurs du dit égout.

N° 20. — Plan de l'emplacement des batimens, cours, jardins et dépendances de la ci-devant Communauté des Filles-du-Calvaire au Marais a Paris, levé par M. B.-A. Hoüard en 1796, l'an 4me de la République.

N° 21. — Plan du ci-devant couvent des Filles-Dieu et du percement de rue qui doit être exécuté depuis celle Denis jusqu'à celle Egalité. Delettre sc. — 0[m],195 × 0[m],129.

N° 22. — Plan du ci-devant couvent des Filles-St-Thomas, avec les nouvelles rües projettées dans ce domaine, lequel sera divisé en 21 lots. Delettre sc. — 0[m],197 × 0[m],128.

N° 23. — Plan général de l'enclos du Temple et des nouveaux percemens de rues et disposition de place qui y sont projetés. Delettre sc. — 0[m],193 × 0[m],218.

N° 24. — Plan général de l'Arsenal, du ci-devant couvent des Célestins et les nouvelles rues qui y sont projetées. Delettre sc. — 0[m],193 × 0[m],123.

N° 25. — Le plan de l'isle et le pourtraict du pont cōmensé a Paris, traversent du port St-Paul à la porte de la Tournelle. J. Sweline fe[*cit*]. — *A Paris, chez Jan Messager, excudit, s. d.* (1614?) 0[m],392 × 0[m],542.

Voir la planche.

Belle épreuve d'un plan et vue très rare.

N° 26. — Plan du quartier de Ste-Geneviève, avec le plan de la nouvelle église et des nouvelles rues du dessein de M. Souflos (*sic*). Dédié à la Ville par ..... le Rouge. — *Paris, le Rouge*, 1767.

« Le fond de ce plan a été levé en 1756 par feu M. l'abbé de la Grive. Corrigé et augmenté par Le Rouge, en 1767. »

N° 27. — La perspective horizontale du Jardin royal des plantes médicinales, estably à Paris par Louis le Juste, Roy de France et de Navarre. Dédiée à Haut et Puiss^{t} Seign^{r} Mre Claude Bouthilier ..... surintendent (*sic*) des finances de France, par Guy de la Brosse, intendent de ce jardin. Dessigné et gravé par A. Bosse en l'année 1641.

Voir la planche.

Belle et rare épreuve, $0^{m},510 \times 0^{m},693$.

N° 28. — Plan de la paroisse de St-Sulpice de Paris ou du Fauxbourg St-Germain, gravé en l'année 1696 par l'ordre de Mre Henry Baudrand, prestre, docteur de Sorbonne et curé de ladite paroisse. — *Se vend à Paris chez C. Roussel.* $0^{m},610 \times 0^{m},817$.

Voir la planche.

L'Hôtel des Comédiens du Roi est bien figuré dans la rue des Fossés Saint-Germain, mais le nom ne s'y trouve pas, non plus que dans la liste des « Lieux de remarque en la Paroisse de Saint-Sulpice ».

N° 29. — Terrein de l'ancien Hotel de Condé. G. Taraval, scul. — *S. l. n. d.* (Vers 1780.)

N° 30. — PLAN DE L'EMPLACEMENT DU PONT PROJETÉ POUR ÊTRE CONSTRUIT AU DROIT DE LA PLACE DE LOUIS XV ET DE SES ENVIRONS. Le Sage, direxit et delineavit, Perrier, sculp.

N° 31. — PLAN GÉNÉRAL DU CHAMP DE MARS et du Nouveau Cirque, où la Nation française a prêté le serment fédératif sur l'autel de la patrie le 14 juillet 1790, jour de l'anniversaire de la prise de la Bastille. Michon, sculp.

N° 32. — PLAN TOPOGRAPHIQUE DE LA VILLE DE BELLEVILLE ..... terminé sur le terrain en 1845 ..... par MM. Dupleix, Raguin et Truchy, écrit par Martin, gravé par A. Sengteller.

On a indiqué sur l'épreuve exposée, en rouge, les 73 becs d'éclairage à l'huile ; en bleu, les 117 becs d'éclairage au gaz.

II

Environs de Paris.

N° 33. — L'ISLE DE FRANCE ET LIEUX CIRCŌVOYSINS. — *S. d.* (fin du seizième siècle).

N° 34. — DESCRIPTIŌ DE LA VILLE DE PARIS AVECQ LES VILLES, CITEZ ET VILLAGES CIRCONVOISINS. — *S. d.* (fin du seizième siècle).

N° 35. — L'ISLE DE FRANCE. Parisiensis agri de scrip. (*sic*) Jean le Clerc excud. François de la Hoeye fecit. — *S. d.* (fin du seizième siècle).

N° 36. — L'ISLE DE FRANCE, Parisiensis agri descrip. *Cum privilegio decennali, Imp. Reg. et Brab.* 1598.

N° 37. — L'ISLE DE FRANCE. Parisiensis agri descriptio. — *S. d.*

N° 38. — DESCRIPTION GÉNÉRA[*le*] DE L'ÉLECTION DE PARIS. — *Paris, Jean Boisseau*, 1651.

Ce plan est assez rare.

N° 39. — LES ENVIRONS DE PARIS, par Nicol. Person, 1691.

N° 40. — LES ENVIRONS DE PARIS, par N. de Fer, 1692, gravé par C. Inselin.

N° 41. — LE GOUVERNEMENT GÉNÉRAL DE L'ISLE DE FRANCE, ou la Généralité de Paris divisée en ses eslections, par le Sr Sanson. — *Paris, H. Jaillot*, 1692. Première partie.

N° 42. — ENVIRONS DE PARIS, par N. de Fer, 1705.

N° 43. — CARTE DE LA PRÉVOSTÉ ET VICOMTÉ DE PARIS, dressée ..... par Delisle. — *Paris, l'auteur*, avril 1711.

N° 44. — LA BANLIEÜE DE PARIS, par N. de Fer. P. Starck-man sculpsit. — *Paris, l'auteur*, 1717.

N° 45. — La prévosté et l'eslection de Paris. Dédié au Roy par ..... Hubert Jaillot. — *Paris, H. Jaillot,* 1717.

N° 46. — Le gouvernement général de l'Isle de France et pays circomvoisins tirez des bons auteurs. — *Paris, L. Chiquet,* 1719.

Alexius Hubertus Iaillot Regis Christianißimi Geographus Ordinarius, 1695

(D'après une estampe de la Bibliothèque nationale.)

N° 47. — L'Archevêché de Paris divisé en ses trois archidiaconez et en ses deux archiprêtrez et sept doyennez ruraux (par N. de Fer). — *Paris, Danet,* 1722.

Le privilège primitif est du 31 décembre 1703 pour quinze ans. Une bande qui surmonte le plan porte le titre suivant : *Les environs de Paris dans lesquels se trouve l'Archevéché, et l'Election de cette fameuse ville dans un très grand détail.*

N° 48. — L'Archevêché de Paris ..... par N. de Fer. — *Paris, Danet,* 1728.

Nouveau tirage du plan précédent, sans le second titre.

N° 49. — Les environs de Paris et partie des provinces voisines ..... par le Sr Jaillot, 1723. — *Paris, Jaillot.*

N° 50. — PLAN DE LA VILLE ET DES ENVIRONS DE PARIS. — *Paris, Duchâtel, s. d.* Plan rond de 0m,255 de diamètre.

N° 51. — ENVIRONS DE PARIS, par le Sr Robert, Géographe ordinaire du Roi, 1753.

N° 52. — CARTE DES ENVIRONS DE PARIS, pour l'intelligence des mouvemens que font les armées dans la guerre supposée aux environs de cette ville, coppiée (*sic*) et réduite d'après la carte levée par M. l'abbé De La Grive. — *S. d.*

N° 53. — CARTE DE FRANCE levée par ordre du Roy. Première feuille, 1756.

N° 54. — ENVIRONS DE PARIS, DIVISÉS PAR PAYS, dans lesquels l'on trouve l'étendue du diocèse divisé en archidiaconés et doyennés, d'après la description du diocèse publiée par M. l'abbé Lebeuf ..... par le Sr Robert de Vaugondy, 1761.

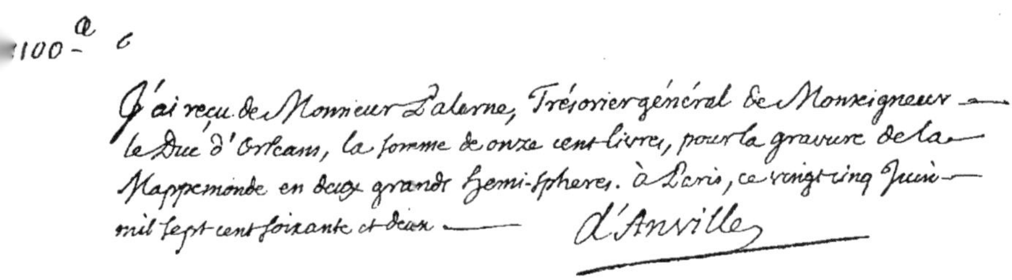
100 a 6

J'ai reçu de Monsieur Dalerne, Trésorier général de Monseigneur le Duc d'Orléans, la somme de onze cent livres, pour la gravure de la Mappemonde en deux grands hemi-spheres. à Paris, ce vingt-cinq Juin mil sept cent soixante et deux

d'Anville

Quittance relative à la mappemonde en deux hémisphères, publiée en 1761, par Jean-Baptiste Bourguignon d'Anville (1697-1782) (1).

(*Collection de M. Gabriel Marcel.*)

N° 55. — NOUVELLE ÉLECTION ET ENVIRONS DE PARIS TRÈS DÉTAILLÉS. Dressés ..... par ..... Desnos, 1762.

N° 56. — Première feuille de l' « INDICATEUR FIDÈLE DU VOYAGEUR FRANÇOIS » ..... levée et dressée par Mr Michel, ingr et géographe du Roi. — [*Paris*], *Desnos*, 1764.

N° 57. — CARTE MINÉRALOGIQUE DES ENVIRONS DE PARIS. Exécutée par le Sr Dupain-Triel (2), ingr-géog. du Roi, 1766.

N° 58. — PLAN DE LA ROUTE DE PARIS A SAINT-GERMAIN, depuis la place de Louis XV jusqu'au haut de la butte de Chante-Coq, passant par le pont de pierre de Neuilly. J.-F. Eustache de St-Fare, direxit, J.-P. Tardieu, sculpsit. — *S. d.* Feuille première.

(1) Hémisphère oriental ou de l'Ancien-Monde, publié sous les auspices de Monseigneur Louis-Philippe, duc d'Orléans, par le Sr d'Anville, 1761.
La seconde carte porte le même titre avec : Hémisphère occidental ou du Nouveau-Monde.

(2) Jean-Louis Dupain-Triel, né à Paris en 1722, mort vers 1805. Cette carte doit faire partie de l'*Atlas minéralogique*, de Guettard, auquel il a collaboré.

N° 59. — Carte contenant l'élection de Meaux, partie de celles de Paris, de Senlis, de Crespy-en-Valois, de Château-Thierry, etc. [par L. Denis (1)]. — *S. d.*

N° 60. — Elections de Paris, de Mantes, de Pontoise, de Chaumont et Magny, de Gisors, des Andelys, de Vernon, du Pont-de-l'Arche et d'Evreux, par L. Denis. — *S. d.*

N° 61. — Carte des rivières qui servent a l'approvisionnement de Paris en 1785.

N° 62. — Carte du département de Paris divisé en ses six tribunaux. Districts de Paris, de St-Denis et du Bourg de l'Egalité. — *Paris, Desnos, s. d.*

N° 63. — Carte topographique du département de Paris et de ses environs, divisé en ses trois arrondissemens communaux et justices de paix avec leur arrondissement. — *Paris, Dezauche, s. d.*

N° 64. — Environs de Paris et département de Seine et l'Oise, etc., subdivisés en districts et cantons conformément aux décrets de l'Assemblée nationale. — *S. l. n. d.*, avec la devise « La Nation, la Loi et le Roi ».

N° 65. — Carte du département de la Seine et de l'Oise, divisé en 9 districts, 9 tribunaux et 58 cantons, suivant les décrets de l'Assemblée nationale, dans lequel est renfermé le département de Paris, aussi divisé en 3 districts, 6 tribunaux et 16 cantons. 1791. Par Louis Delahaye. — *Paris, Delahaye.*

N° 66. — Plan de Paris et de ses environs, d'après la grande carte de l'abbé de la Grive, par Jean Rocque. — *London, Robert Sayer*, 1792.

N° 67. — Département de Paris décrété le (*sic*) 13 et 19 janvier 1790 par l'Assemblée nationale, divisé en 3 districts, 6 tribunaux, 16 cantons et 48 sections. Gravé par d'Houdan. — *Paris, Dumez, s. d.*

N° 68. — Département de la Seine et de l'Oise, décrété le 27 janvier 1790, par l'Assemblée nationale, divisé en 9 districts et en 59 cantons. Gravé par d'Houdan. — *Paris, Dépôt de l'Atlas national de France.* — *S. d.*

N° 69. — Carte des départemens de la Seine, de Seine-et-Oise, de l'Eure, de l'Oise, d'Eure-et-Loir, de Seine-et-Marne, de la Marne et de l'Aisne, par J.-B. Poirson (2). — *Paris, Esnauts*, 1811.

---

(1) Louis Denis, auteur de *Cartes de France* en 7 feuilles (1761).

(2) Poirson (Jean-Baptiste), géographe français, né en 1760, mort en 1831, auteur d'un *Atlas des 86 départements de la France*, d'un *Atlas de géographie universelle*, pour le *Précis* de Malte-Brun (1812).

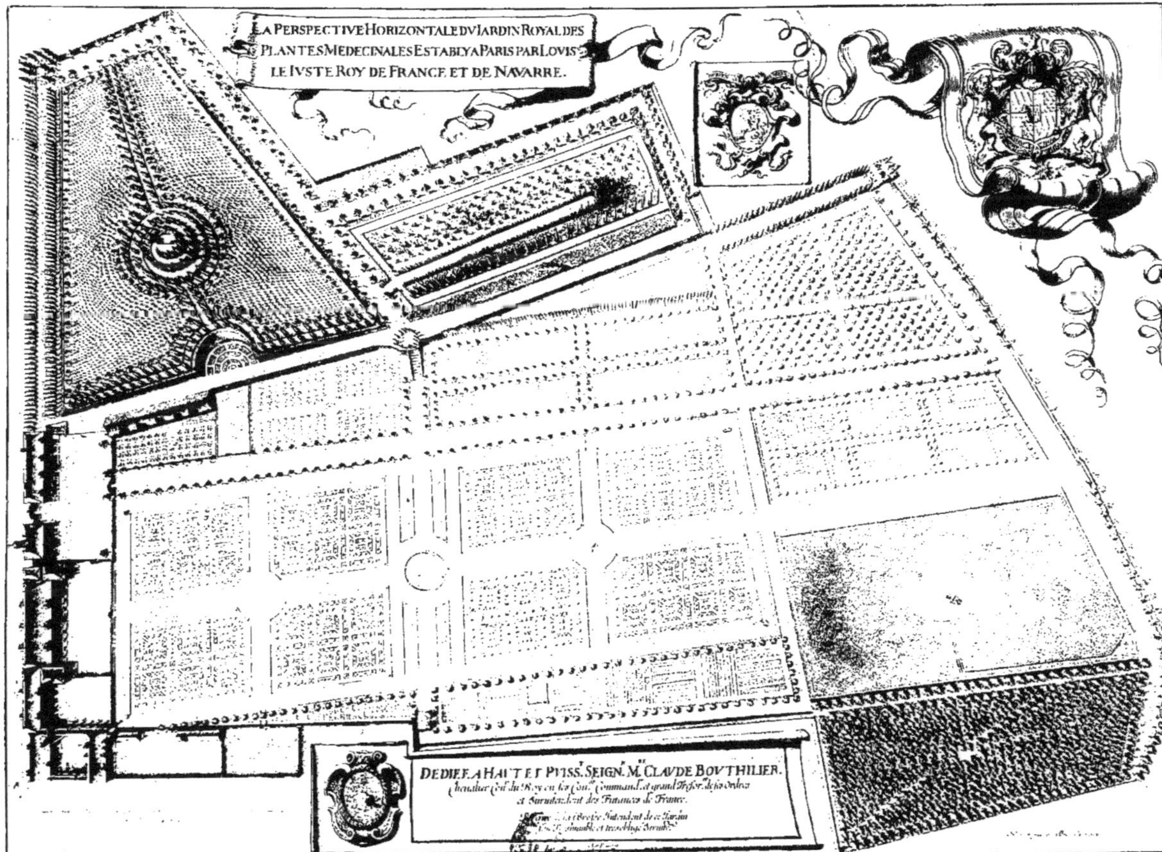

Phototypie Berthaud, Paris

Plan du Jardin des Plantes, Gravure d'Abraham Bosse (1641)

N° 70. — PLAN GÉNÉRAL DU SIÈGE DE LA VILLE DE PARIS PAR LES TROUPES ALLIÉES, dans la journée du 30 mars 1814, et relation de divers combats qui eurent lieu dans les environs de Paris en juin 1815, après la défaite de Buonaparte à Mont-St-Jean. Gravé par J.-B. Tardieu. — *Paris, J.-B. Tardieu, s. d.*

N° 71. — CARTE MILITAIRE DES ENVIRONS DE PARIS, relative aux travaux de défense exécutés ou projetés en 1815. Gravé par E. Collin. — *S. d.*

N° 72. — PLAN DE St-CLOUD, levé et dédié à S. A. S. Mgr le duc de Chartre (*sic*), par M. l'abbé Delagrive, géographe de la ville de Paris, 1744. M. Fourneau, scripsit, M. Marvye, sculp. — *De l'imprimerie de Charbonnier, rue Saint-Jacques, au Chariot d'Or.*

N° 73. — NOUVEAU PLAN DE VERSAILLES ET DE MARLY, avec les environs. Dressé et mis au jour par le Sr Gaspard de Baillieul, géographe. — *Paris, l'auteur,* 1724.

N° 74. — NOUVEAU PLAN DE VERSAILLES ..... Par M. Coutant de la Motte, ingénieur-géographe au Département de la Guerre, attaché au Bureau des fortifications. 1783. Gravé par Croisey. — *Versailles, Blaizot; Paris, Fortin et de la Marche.*

N° 75. — PLAN DE LA VILLE, DU CHATEAU ET DU PARC DE VERSAILLES, avec les palais et jardins du grand et du petit Trianon ..... Par Ch^{les} Picquet. — *Paris,* 1821.

N° 76. — PLAN GÉNÉRAL DE TRIANON. Pierre Le Pautre delineavit, Fonbone sculpsit.

N° 77. — PLAN GÉNÉRAL DE MARLY. [Par N. de Fer.] H. Van Loon, sculp. — *Paris, G. Danet. S. d.*

N° 78. — PLAN DE LA FOREST DE LAYE ET DE LA GARENNE DU VEZINET, DU BOURG DE St-GERMAIN DIT EN LAYE, DE LA VILLE DE POISSY et de tout ce qui est contenu dans cet Ance (*sic*) que forme la rivière de Seine. Par N. de Fer. A. Coquart, scul. — *Paris, G. Danet. S. d.*

N° 79. — POURTRAICT DE LA VILLE SAINCT DENIS EN FRANCE. — *S. l. n. d.* (seizième siècle).

N° 80. — PLAN DE LA VILLE DE SAINT-DENYS EN FRANCE ET DES ENVIRONS, 1704. Levé sur les lieux par Dumesnil, voyer ; gravé par Inselin.

Cette épreuve porte des corrections et des notes manuscrites de 1719.

N° 81. — CARTE TOPOGRAPHIQUE DES ENVIRONS DE CHANTILLY, où sont marquées les limites de la Capitainerie royale de Halatte, suivant l'édit du Roy du mois d'aoust 1724. Levée sur les lieux ..... par N. de la Vigne ..... gravée par A. Coquart, 1725.

N° 82. — PLAN GÉNÉRAL DES CHATEAUX, PARC ET JARDINS DE CHANTILLY, situé dans l'Isle-de-France, à neuf lieues de Paris et à une lieue de Senlis, appartenant à S. A. S. Mgr le prince de Condé. — *A Paris, chez Jean Mariette. S. d.*

N° 83. — Carte de la forest de Compiègne et ses environs, contenant 24012 arpens 42 perches en superficie et où sont marquées les nouvelles routtes que Sa Majesté y a fait faire. Présentée au Roy par ..... Gaspard Baillieul, 1728. — *A Paris, chez le Sr Baillieul.*

N° 84. — Nouveau plan des jardins de Sceaux-Penthièvre, présenté à S. A. S. Monseigneur le duc de Penthièvre par ..... P. Champin et E.-F. Cicille en 1785. — *Paris, Tardieu.*

Très joli plan gravé par Champin. Dans l'angle gauche inférieur « Plan de Sceaux-Penthièvre en 1785 ».

III

Plans de villes de France.

BORDEAUX

N° 85. — Civitatis Burdegalensis in Aquitanea genuina descrip. — *S. l. n. d.*

Plan du seizième siècle, extrait du *Civitates orbis terrarum* de Braun (1572).

N° 86. — Bourdeaux et ses environs. A M^rs les Maire et Jurats de la ville de Bourdeaux.

Copie fac-similé, exécutée par M. Camy, d'un plan manuscrit d'Albert Jouvin de Rochefort, dressé vers 1675 et conservé aux Archives municipales de Bordeaux.

Ce plan a été décrit et reproduit dans une intéressante étude de M. E. Marcuse, intitulée : *Un plan de Bordeaux inédit, par Albert Jouvin de Rochefort* (1).

N° 87. — Plan géométral de la ville de Bordeaux et de parties de ses faubourgs, levé par ordre de M. de Tourny, Intendant de la Généralité ..... Par les S. Sautin et Mirail, géographes, en 1754. Gravé à Paris par J. Lattré en 1755. — *Se vend à Paris, chés Lattré.*

Très joli plan finement gravé, entouré de vues des principaux monuments. On y avait joint un exemplaire du même plan, revisé en 1783, sans l'encadrement.

N° 88. — Plan de la ville de Bordeaux et de ses faux-bourgs, dressé selon les nouvelles divisions qu'il présente et les nouveaux établissements qui y ont été formés. — *Paris, Jean*, an XII.

Parmi les nouveaux noms donnés depuis la Révolution, on remarque les rues Ça-va, Ça-tiendra, Citoyenne, Le Français libre, de la Frugalité, J'adore l'Égalité, de la Lumière, des Navets, Plus de Rois, de la Surveillance, Vivre libre ou mourir.

---

(1) *Correspondance historique et archéologique*, 1900.

N° 89. — Plan de la ville de Bordeaux, avec les projets principaux d'alignements et de redressem[ts], par M. Pierrugues ..... [et] D. Béro ..... 1822. Gravé à Paris par G. Lemaître, écrit par Richomme. — *Bordeaux, Filliatre et Neveu.*

LILLE

N° 90. — Accurata descriptio Famosæ Urbis ac Arcis Novæ, Insularum, Gallice Lille et Ryssel Belgice. Auctore F. de Witt, Amstelodami. — *S. d.*

N° 91. — Plan de Lille, de la citadelle et de ses environs. — *Paris, Le Rouge, s. d.*

VALENCIENNES

N° 92. — Plan de la ville et citadelle de Valenciennes..... — *Bruxelles, E.-H. Fricx,* 1709.

CAMBRAI

N° 93. — Plan de la ville et citadelle de Cambray ..... — *Bruxelles, E.-H. Fricx,* 1710.

DUNKERQUE

N° 94. — Plan de la ville et de la citadelle de Dunkerque, comme elle a été avant la démolition que les Anglois en ont faite en 1714. La plus grande partie des fondemens (*sic*) sont dans leur entier. — *Amsterdam, I. Covens et C. Mortier, se vend aussi à Londre* (*sic*) *chez P. Overton. S. d.* (1742 ?).

N° 95. — Plan de Dunkerque et du Fort Louis, démoly en 1713, des bateries à l'est et à l'ouest du Chénal qui ont été construittes (*sic*) sous les ordres de M. Delafond, directeur des fortifications, en 1741, et du camp retranché en 1742. Pierre F. Carpeau delineavit; J.-P. Oger sculp. — *S. d.*

N° 96. — Plan de Dunkerque en 1759. Pierre-F. Carpeau delineavit, J.-P. Oger sculp. — *S. d.*

DOUAI

N° 97. — Duacum, Catuacorm urbs tam studiis quam incolis et literarum (*sic*) studiis elegantissime ornata. — *S. l. n. d.*

N° 98. — Duacum, vulgo Douay. F. de Wit (*sic*) excudit Amstelodami. — *S. d.*

SAINT-QUENTIN

N° 99. — Plan de la ville de St-Quentin, avec ses agrandissements sur l'emplacement des fortifications cédées à la Ville par ordon[ce] du 28 août 1820. Levé par

Védie, architecte-voyer, et Pelletier, architecte ....., auteur du projet d'agrandissement. Gravé par Pierre Tardieu, 1828, écrit par Félix Dien.

REIMS

N° 100. — Plan général de Reims et de ses environs. Dédié au Roi et présenté ..... en 1769. Le tout exécuté sur la composition et d'après les dessins du S[r] Le Gendre ..... Gravé par Lattré. Les architectures gravées par C.-R.-J. Poulleau. — *Paris, Lattré.*

Très beau plan entouré de vues des monuments de Reims existants ou projetés.

NANCY

N° 101. — Plan des villes (*sic*), citadelle et faubourgs de Nancy, capitale de la Lorraine ..... Moithey, ing.-géog. du Roi. — *S. l. n. d.*

Ce plan est accompagné de quatre vues qui occupent la partie inférieure.

STRASBOURG

N° 102. — Plan de la ville de Strasbourg, divisée en dix cantons suivant les décrets de l'Assemblée nationale, 1792. — *Paris, Mondhare et Jean.*

CAEN

N° 103. — Plan de la ville et du chateau de Caën en Normandie. Mis au jour par N. de Fer ..... F. Auvray, delin. P. Starck-man, sculp.

N° 104. — Plan de la ville de Caen, de ses faubourgs et de ses environs. Dressé sur les lieux par le Clere, en 1818. — *Paris, Jean, s. d.*

LIMOGES

N° 105. — Limoges, dédié à M[rs] les présidens trésoriers de France, généraux des finances et grands voyers en la Généralité de Limoges, chevaliers conseillers du Roy, juges et directeurs du Domaine, par A. Jouvin de Rochefort, trésorier de France. — *A Limoges, proche les Perres Jesuittes* (*sic*); *à Paris, sur le Quay de l'Horloge ..... S. d.*

BESANÇON

N° 106. — Plan de la ville et citadelle de Besançon, capitale de la Franche-Comté, avec tous les changements faits jusqu'à présent. Par Mr G.-H. J., ingénieur-géographe, 1788.

LYON

N° 107. — Lugdunum.

Lyon, qui de la France
Sers de force et rempart,
Lyon, qui de plaisance
Reluis de toute part,

La Rivière du Rhosne
Doucement découlant
Qui embrasse la Saône
Te rendent opulent.

S. l. n. d.

LA GRANDE-CHARTREUSE

N° 108. — Prospectus Ædificiorum Majoris Cartusiæ, prout restaurata fuit post Incendium ejus quod contigit anno 1676. Bouchet, f.

Cartouche gravé par Sébastien Le Clerc.

OBSERVATOIRE DE PARIS

Globe terrestre du P. Coronelli, 1688.

Globe céleste du P. Coronelli, 1693. Dessiné par Arnold Deuvez, peintre de l'Académie royale; gravé par I.-B. Nolin, cartographe du roi.

Jeton des *Bâtiments du Roi*, relatif aux Globes de Coronelli.
(*Collection Richard.*)

La monture des deux globes porte l'inscription suivante : *Faict par Gatellier, fabricateur des instrumens de mathématique*, 1695. *Paris*.

Ces deux globes sont des réductions de ceux qui, après avoir été offerts par le cardinal d'Estrées à Louis XIV, furent placés à Marly; ils appartiennent aujourd'hui à la Bibliothèque nationale.

M. G. REGELSPERGER

Carte générale de l'empire de Russie, 1812. — *Gr. par P.-F. Tardieu.* In-folio oblong.

LIEUTENANT-COLONEL A. DE ROCHAS

Carte générale des monts Pyrénées et partie des royaumes de France et d'Espagne, par le sieur Roussel, ingénieur du Roy. — *J.-B. Delahaye, scrip.* Cartouche et encadrement gravés. (Vers 1720.)

Carte à l'échelle de 1/320000e, en huit feuilles pliées dans un étui.

SECTION TUNISIENNE DE LA SOCIÉTÉ DE GÉOGRAPHIE COMMERCIALE DE PARIS

Représentée par M. Dollin de Fresnel.

HONDIUS. — ORBIS TERRARUM DESCRIPTIO GEOGRAPHICA. — 1597, in-4°.

SERVICE HYDROGRAPHIQUE DE LA MARINE

VUE PERSPECTIVE DE L'ÎLE DE CORSE, peinture par Siméon Fort, 1842.

Le peintre Siméon Fort (1793-1861) est surtout connu par les nombreuses aquarelles, exécutées au point de vue historique, pendant ses voyages officiels en Italie, en Egypte, en Allemagne, etc.

COLLECTION DE LA SOCIÉTÉ DE GÉOGRAPHIE DE PARIS

I

Documents imprimés.

N° 1. — QUINZE FEUILLES EN COULEUR DE L'*Atlas d'Ortelius*, géographe flamand, qui fut, au seizième siècle, l'un des restaurateurs de la science géographique; les cartes exposées ne sont pas toutes datées. Quelques-unes s'échelonnent entre les années 1570 et 1598.

N° 2. — CARTE DE L'EMPIRE DU MAROC, gravée au Dépôt de la Guerre par le capitaine Beaudouin (1848).

Le tirage a été fait en noir, les couleurs ont été ajoutées à la main sur un très petit nombre d'exemplaires. — Ce document contient la répartition des différentes tribus. (Echelle : 1/1500000e.)

II

Documents manuscrits.

N° 3. — Carte du cours de la Seine, par Cassini (1).

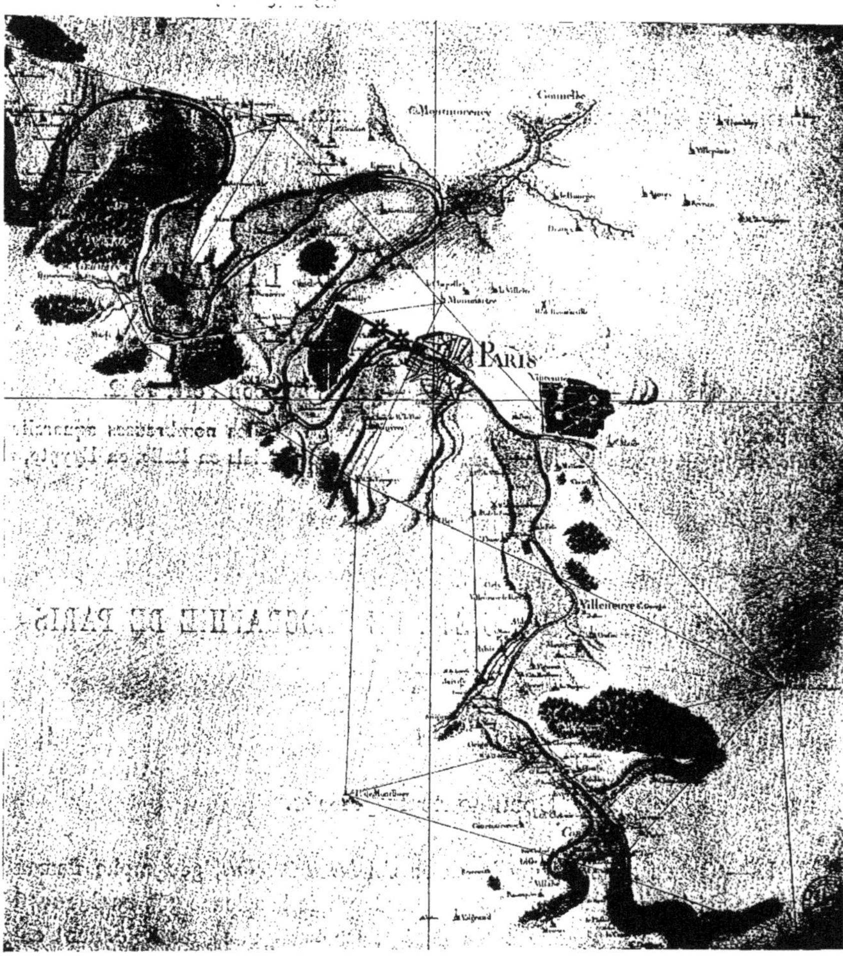

Carte manuscrite du cours de la Seine, par le comte Dominique Cassini.
(*Bibliothèque de la Société de Géographie.*)

Les deux feuilles exposées font partie d'une série de seize cartes manuscrites représentant la triangulation par laquelle avait été déterminé le cours de la Seine, de l'Oise, de la Marne,

(1) Jacques-Dominique, comte de Cassini, mort en 1845, était fils de Cassini de Thury.

de l'Yonne et de l'Aube. Cette carte, dressée à la fin du dix-huitième siècle, est due au comte de Cassini, directeur de l'Observatoire, qui, en 1823, fit hommage à la Société d'un lot d'ouvrages manuscrits et imprimés, en reconnaissance d'une étude faite sur sa famille dans le *Bulletin* de 1822 (échelle 1/80000e).

N° 4. — VOYAGE EN CALIFORNIE, par Chappe d'Auteroche.

Dessins originaux de Noël, compagnon de Chappe d'Auteroche. Le texte du voyage a été rédigé et publié par Cassini en 1772.

N° 5. — LA PENTAPOLE CYRÉNAÏQUE, par Pacho (1794-1829).

Dessin exécuté au cours d'un voyage accompli de 1822 à 1825 sous les auspices de la Société qui avait mis l'étude de la Cyrénaïque au concours (1). (Echelle approximative : 1/710000e.)

N° 6. — PARTIE SUD DE LA GUYANE FRANÇAISE, par Reynaud (1838).

Carte en couleur de la région du Counani et de l'Oyapoc, dont une épreuve en noir a paru dans le *Bulletin* de 1839. Ce document se rapporte à la question du contesté franco-brésilien, tranché récemment par une décision arbitrale. (Echelle approximative : 1/1000000e.)

N° 7. — BASSIN DU BAHR-EL-ABIAD, par MM. de Malzac et Vayssières.

Levé exécuté en 1854. Le voyage de deux Français dans la région du Bahr-El-Ghazal méritait d'attirer l'attention au lendemain de l'expédition accomplie par la mission Congo-Nil. (Echelle approximative : 1/1600000e.)

N° 8. — LE NIL BLANC, par Arnaud-bey (2).

Cette exploration de 1841-1842 fait époque dans l'histoire des expéditions dans le Haut-Nil. La carte manuscrite contient six feuilles, dont une composée de profils. (Echelle de la carte : 1/1500000e; profils : 1/500e et 1/100e.)

N° 9. — CARTE DU VOYAGE DE FRANCIS GARNIER DANS LA CHINE CENTRALE (1873).

Cette carte a paru dans le *Bulletin* de 1874. Le document exposé en est la minute que l'illustre explorateur avait dressée à Saïgon. L'étude détaillée de la vallée du Yang-tzé mérite l'examen. C'est un souvenir personnel de l'un des fondateurs de notre souveraineté en Indo-Chine (échelle : 1/700000e).

---

(1) Relation d'un voyage dans la Marmarique, la Cyrénaïque ..., accompagné de cartes géographiques et topographiques..., par J.-R. Pacho. — Paris, 1827-1829, 1 vol. in-4° et Atlas in-folio.
(2) Arnaud-bey, voyageur et savant, né en 1812, mort en 1884.

SOCIÉTÉ HISTORIQUE ET ARCHÉOLOGIQUE DU VIIIE ARRONDISSEMENT

Frontispice du *Voyage autour du monde*, par Gemelli Careri (1). (*Bibliothèque de la Société de Géographie.*)

Plan routier de la Ville de Paris et de ses faubourgs ..... Dédié et présenté à Monseigneur J. Murat, maréchal de l'Empire, grand-officier de la Légion d'honneur, membre du Corps législatif et gouverneur de Paris, par son très humble et très obéissant serviteur Ch^{les} Picquet, à Paris, 1er frimaire an 13, 22 novembre 1804. — *Chez Ch^{les} Picquet, géographe-graveur, quai Voltaire ou Malaquais, petit hôtel de Bouillon, près le Ministère de la Police générale.*

Exemplaire imprimé sur soie, offert au maréchal Murat et donné par lui à une personne de son entourage, M. Clausse; un des descendants de celui-ci en a fait hommage à la Société du VIIIe arrondissement.

(1) *Voyage autour du monde*, traduit de l'italien de Gemelli Careri, par M. L(e) N(oble).... — Paris. 1727, 6 vol. in-12.

Voyages pittoresques et romantiques dans l'ancienne France, par J. Taylor, Ch. Nodier et A. de Cailleux (1829). — Frontispice du tome I (Auvergne).

CONCLUSION

Le dix-huitième siècle avait vu la première carte détaillée de la France, celle de Cassini de Thury. Le dix-neuvième, reprenant cette grande œuvre sur des bases scientifiques plus exactes et avec des procédés de gravure plus perfectionnés, a doté notre pays de la carte dite du Dépôt de la Guerre ou de l'état-major, à l'échelle de 1/80000e.

Général PERRIER (1833-1888).

Quoique le projet de cette carte remonte à 1808, les travaux préliminaires ne commencèrent réellement qu'en 1818 et les premières parties furent terminées seulement quinze ans plus tard.

Ce vaste ensemble se compose de 267 feuilles publiées successivement sous la direction des généraux Pelet et Morin, directeurs du Dépôt de la Guerre, et du général Perrier, directeur du Service géographique de l'armée.

Plus tard, le ministère de l'Intérieur en fit dresser par le service vicinal une autre au 1/100000e, gravée en cinq couleurs et composée de 587 feuilles.

Dans le domaine de la bibliographie, les grands ouvrages de Malte-Brun, de Vivien de Saint-Martin et d'Elisée Reclus — pour ne citer que ceux-là — ont vulgarisé et fait pénétrer partout les connaissances géographiques, en même temps que divers auteurs, ne se bornant plus à la sécheresse des anciennes énumérations, ont abordé certains côtés de la géographie négligés jusqu'alors, comme la partie économique, l'ethnographie ou l'archéologie.

Bien que le mouvement colonial, qui a donné une si grande extension aux voyages d'exploration, se soit manifesté surtout depuis vingt-cinq ans, notre pays ne s'est pas tenu à l'écart des grandes expéditions lointaines, mais ses

Vignette-adresse du graveur Macquet (1).
(D'après une estampe de la Bibliothèque nationale.)

efforts se sont portés de préférence sur les régions où l'appelaient ses intérêts, c'est-à-dire en Afrique.

Si l'étude scientifique de l'Egypte pendant l'occupation française appartient encore au dix-huitième siècle, dès 1828, notre compatriote René Caillé atteignait Tombouctou (2) après mille dangers, et la conquête de l'Algérie, commencée deux ans après, venait ouvrir un nouveau champ aux recherches géographiques. Depuis que la France y a pris pied, elle a étudié son histoire, sa langue, les races qui l'habitent, les monuments dont les Romains l'ont couverte, et, par des efforts incessants vers le Sud, elle a fini par relier notre Afrique du Nord à notre ancienne colonie du Sénégal et au grand empire que nos officiers nous ont taillé dans l'Afrique centrale.

(1) Le graveur Macquet est un des artistes qui ont travaillé à la carte topographique des environs de Versailles, dite *Carte des chasses*.

(2) *Journal d'un voyage à Tombouctou et à Jenné, dans l'Afrique centrale*, pendant les années 1824-25-26-27 et 28. Paris, 1830, 3 vol. in-8°, avec une carte et des planches.

C'est à cette période qu'appartiennent la carte d'Algérie au 1/400000e en six feuilles, dressée vers 1856 par le Dépôt de la Guerre sous la direction du colonel Blondel, la publication de *l'Exploration scientifique de l'Algérie*, la *Situation des établissements français en Algérie* (1) ou encore la création de la *Revue africaine*, recueil des travaux de la Société algérienne. Enfin, la publication d'une carte au 1/50000e a été commencée en 1883 par les soins de l'état-major.

Dans une autre partie de l'Afrique, la France s'est établie d'une façon définitive à Madagascar, après diverses tentatives de colonisation commencées au dix-septième siècle par Etienne de Flacourt (1607-1660) (2), et l'étude de la grande île se poursuit en même temps que son organisation.

Une carte générale à l'échelle de 1/1000000e, dressée par le R. P. Roblet, a été déjà publiée, ainsi que des cartes plus détaillées de l'Imérina et du Betsiléo, et M. Alfred Grandidier a consacré à son histoire géographique le premier fascicule de son grand ouvrage (3).

V.-A. MALTE-BRUN (25 nov. 1816-16 avril 1889).

(D'après une photographie appartenant à la Société de géographie.)

Dans l'Extrême-Orient, l'établissement de la France en Cochinchine en 1862, au Cambodge en 1864, eut pour conséquence l'exploration du Mékong par Doudart de Lagrée (1823-1868) (4); un peu plus tard, l'Annam fut visité par Dutreuil de Rhins (1846-1894) (5), et Francis Garnier reconnut le Tonkin, où il trouva la mort en 1873, après en avoir commencé la conquête.

De ces régions qui devaient plus tard devenir une vaste colonie française,

(1) Collection malheureusement interrompue en 1868.
(2) *Histoire de la grande île de Madagascar*, 1658, in-4°.
(3) *Histoire physique, naturelle et politique de Madagascar*.
(4) Doudart de Lagrée et Francis Garnier. *Voyage d'exploration en Indo-Chine*. Paris, 1873, 2 vol. in-4° et atlas.
(5) *Le royaume d'Annam et les Annamites*, 1879.

nous possédons la carte des Missions au 1/500 000e, datée de 1879, celle de l'Indo-Chine orientale dressée par Dutreuil de Rhins en quatre feuilles et au 1/1 000 000e, et la carte du Tonkin en quatre feuilles également, due au Bureau topographique des troupes de l'Indo-Chine.

Mais l'activité de nos compatriotes ne s'est pas bornée à l'étude de la France et de ses colonies. Les premières années du dix-neuvième siècle, tout absorbées qu'elles furent par les guerres de l'Empire, n'en virent pas moins paraître un grand nombre de cartes des pays voisins, travaux inspirés surtout par les besoins militaires du moment. Le catalogue du Dépôt de la Guerre renferme une liste très longue de ces cartes consacrées à l'Espagne, à l'Allemagne, à la Russie, etc.

Vivien de SAINT-MARTIN (17 mai 1802-28 déc. 1896).
(D'après une photographie appartenant à la Société de géographie.)

En dehors de l'Europe, nous pouvons citer les grands ouvrages de Claude Gay sur le Chili (1), de Martin de Moussy sur la République Argentine (2), où les Français sont si nombreux et leurs intérêts si importants, et beaucoup d'autres; il n'est pas jusqu'aux régions polaires elles-mêmes qui n'aient été visitées à plusieurs reprises par nos explorateurs. On connait la fin tragique du lieutenant Bellot dans une expédition à la recherche de sir John Franklin, et Dumont d'Urville a rapporté des résultats scientifiques considérables de ses voyages aux terres antarctiques, qu'il a été le premier à reconnaître (3).

Avec les perfectionnements apportés sans cesse aux moyens de transport, le goût des voyages a pris une grande extension. Les Sociétés de géographie se

(1) *Historia fisica y politica de Chile*, 1843-1873, 24 vol. in-8° et 2 atlas.
(2) *Description de la Confédération Argentine*, 1860-1864, 3 vol. in-8° et atlas.
(3) *Voyage au pôle sud et dans l'Océanie, sur les corvettes « l'Astrolabe » et « la Zélée »*, pendant les années 1837 à 1840, sous le commandement de M. J. Dumont d'Urville, 23 vol. in-8° et 6 atlas in-folio.

sont multipliées, et, sous l'impulsion de leurs publications et de leurs conférences, le public s'intéresse chaque jour davantage aux récits des explorateurs.

Des missions scientifiques, militaires ou commerciales parcourent en tous sens notre nouvel empire africain et les itinéraires qu'elles en rapportent font disparaître peu à peu les blancs des anciennes cartes.

Nous ne doutons pas qu'avec de tels débuts, le vingtième siècle ne soit au point de vue géographique digne de son devancier, et que la science française ne s'y maintienne au rang glorieux où l'ont placée nos savants, nos explorateurs, nos officiers.

Henri SARRIAU.

TABLE DES MATIÈRES

ERRATUM :

Page 45, au lieu de *Duché de Bade*, lire : *Duché de Bavière*.

Médaille de la Société de Géographie,
par Alphée Dubois.

www.ingramcontent.com/pod-product-compliance
Ingram Content Group UK Ltd.
Pitfield, Milton Keynes, MK11 3LW, UK
UKHW031925260826
14628UKWH00003B/1429

9 782014 030167